U0451868

你就是孩子最好的原生家庭

周丽瑗 / 著

中国纺织出版社有限公司

国家一级出版社
全国百佳图书出版单位

内 容 提 要

本书透过父母抚育孩子成长的过程，发现婚姻中隐藏的潜在问题，包括夫妻关系、亲子关系等问题，从而直面原生家庭对自己的影响，探索和理解自己的性格成因。

本书旨在帮助父母在陪伴孩子成长的过程中，不断学习新的养育方式，不断地自我觉醒，疗愈自己与父母的关系，疗愈自己原生家庭的问题，从而建立更好的亲密关系、亲子关系，为孩子创设更好的原生家庭。

图书在版编目（CIP）数据

你就是孩子最好的原生家庭/周丽瑷著. ——北京：中国纺织出版社有限公司，2022.1
ISBN 978-7-5180-8829-4

Ⅰ.①你… Ⅱ.①周… Ⅲ.①家庭教育 Ⅳ.①G78

中国版本图书馆CIP数据核字（2021）第172982号

责任编辑：刘 丹　　责任校对：寇晨晨　　责任印制：何 建

中国纺织出版社有限公司出版发行
地址：北京市朝阳区百子湾东里A407号楼　邮政编码：100124
销售电话：010—67004322　传真：010—87155801
http://www.c-textilep.com
中国纺织出版社天猫旗舰店
官方微博http://weibo.com/2119887771
天津千鹤文化传播有限公司印刷　各地新华书店经销
2022年1月第1版第1次印刷
开本：880×1230　1/32　印张：7.5
字数：152千字　定价：49.80元

凡购本书，如有缺页、倒页、脱页，由本社图书营销中心调换

序言

亲爱的朋友们，如果让您说出近些年我们的社会主要矛盾有哪些，我相信孩子的教育问题是我们绕不过去的一个问题。社会发展到今天，在高房价的压力下，我们怎么也想不到孩子读书竟变成如此困难的事，更严重的还有孩子的厌学、早恋、自伤、抑郁、自杀等现象。这真的是让各位父母头疼到无可奈何。

我不知道您是否还记得有这样一个案例：一个男孩子因为在学校里和同学打牌，他的妈妈被班主任通知到学校里来聊这件事。当时这位妈妈情绪非常激动，站在走廊里掌掴她的儿子，同时还有激烈的训斥。在这位母亲愤怒地离开后，她的儿子转身跳下了教学楼。这一切都被走廊里的摄像机拍摄了下来。当这件事情被报道出来后，舆论第一时间感叹：现在的孩子抗挫能力怎么那么差？同时也有更多的声音指责这位母亲，为什么情绪管理那么差，对孩子那么不尊重？但任何单独事件的背后都有复杂的成因。前不久我读了一份报道，其中描述了这位自杀的孩子的家庭情况。原来这个孩子的父亲多年欠着赌债，母亲一直在为其还债，忍无可忍之下与其父亲离婚，独自一个人带着孩子。由于需要继续还赌债，家庭经济拮据，她一个人承担着非常重的体力劳动，还要负责孩子的教育。在物质和精神两方面都非常匮乏的情况下，情绪自然好不了，当得知自己的孩子犯错时，母亲累积的情绪爆发，而孩子最终选择以这样的方式结束生命，也很大一部分原因与过往积压的不良情绪有关。悲剧发生后，这位母亲自责到了极点，而孩子的父亲及其家族成员在学校附近租了房子常年向学校索取赔偿。母亲由于情绪崩溃，未参加索赔之事，报道中称，这位母亲在无限的自责和愧疚之下最终也选择了自杀。

　　这样的悲剧虽然离我们的生活好像很远，但它暴露出的家庭问题、亲子关系，以及背后的夫妻关系，甚至社会对女性的压力，都被真实地呈现了出来。一个孩子的问题，绝不单单是这个孩子自己的问题。家庭是一个孩子的安全基地，让孩子在成长的过程中既有爱的滋养又能具有一定的抗挫力，从而形成健全的人格，是我们为人父母的期待。而要实现这个目标，父母个人、父母关系以及由此营造的家庭环境就是最大的温床。对此，再来看这本书，想必您已有共识：父母是孩子最好的老师。

　　既然如此，现在的问题就变成要倒逼父母成长了。当越来越多的父母走进心灵成长的学堂后，他们会惊讶地发现：自己在孩子身上重复的模式和自己曾经在原生家庭所遭遇的是一样的，然后进一步会发现，自己和自己伴侣的互动模式和自己在原生家庭里经历的惊人的一致，甚至自己与其他人互动的模式跟自己一向反感的父母们的模式也越来越像。于是，我们突然有所领悟，孩子就像是父母的复印件，孩子身上的问题就是如此从父母们的身上一代代传递了下来。

　　但现在问题是：对于耄耋之年的父母，我们已经不可能要求他们去改变了，即使我们对他们有那么多的不满、埋怨，甚至可能憎恨，无力的父母已经承担不起我们的过多指责，更何况指责并不会让我们舒心，反而会使我们愧疚。但如果我们只是将自己学到的内容用在孩子身上，显然孩子也并不服气，因为孩子从来不看父母说什么，他们只会无限忠诚于父母的做法。于是，生命就将我们送到了一个卡点，前后的路都堵死了，似乎我们只能自己改变，并且要刮骨疗伤似地改变，才能尽可能不将问题一再复制。

如果您正处在这个阶段，也许我的这本书能为您带来一定的帮助。我从一个心理咨询师的角度，并加上工作实践经验总结，从认知层面入手，给您一些具有一定操作性的方法，实现以下目的：如何养育人格健康的孩子，父母各自发挥什么作用；我们如何认识父母对我们的影响，如何疗愈父母在我们心理成长上所带来的伤害；由孩子的问题，理解自己的问题，并找到疗愈的方法。

我在工作中看到太多的成年人被孩子的问题折磨得焦头烂额，此外又和父母纠缠冲突，让自己精疲力尽。我相信每一位来看这本书的为人父母者都已经意识到问题的严重性。这就是改变的最好动力。让我们把伤都留在昨天，觉察，领悟，疗愈，转化，重生。当我们理解了父母的局限性，也就实现了和解，而和解后的你，那些遏制不住的洪荒之力也会渐渐疏解，你也就成了孩子最好的父母。

周丽瑗

2021年5月

目录

第一章
原生家庭对人的影响究竟有多大

01　父母爱孩子的巨大谎言 / 2

02　中国式爱情——当被吞没遇到被抛弃 / 7

03　母爱未必都是伟大和纯粹的 / 12

04　你生活中的痛苦，可能恰好就是你一直逃避的 / 17

05　丁克族的隐痛：我只是不想自己的童年再来一遍 / 22

06　如果你有一位偏执型人格的亲人，你需要学会自我救赎 / 26

07　春节，让心回家不再难 / 32

08　阖家团圆时，我却选择孤独一人 / 38

09　我们与家的距离，是与压力的距离 / 42

10　报喜不报忧，真的是为家人好吗 / 47

11　美好生活在孝道和分化之间厮杀 / 52

第二章
如何给孩子一个完美的原生家庭

01　孩子只不过是你婚姻问题的替罪羊 / 58

02 孩子的营养究竟来自哪里 / 64

03 你以为孩子在怕黑,可能他只是怕你不幸福 / 71

04 孩子的人生,不努力可以吗 / 76

05 魔鬼和天使,也许来自相同的童年土壤 / 81

06 青春期的恋爱,也许只是解决家庭问题的出口 / 85

07 爸爸带孩子怎么去,比去哪儿更重要 / 90

08 老公,我不希望你只是家庭的"印钞机" / 95

09 如何培养孩子健康的人格 / 100

10 60分妈妈,你就是孩子最好的母亲 / 106

11 孩子,虽然父母离婚了,但我们仍是你最好的父母 / 110

12 对孩子进行性教育,刻不容缓 / 115

第三章
如何疗愈原生家庭创伤

01 "学习了很多道理,依然过不好这一生"的解药 / 124

02 我的情绪为何总是无法打烊 / 130

03 我们要和解的是父母还是自己的感受 / 135

04 我们人生的不完整,不能再向母亲去要 / 143

05 和解前提:了解家庭现状,找出自己与父母的关系议题 / 150

06 和解第一步:建立边界,温柔和坚定地说不 / 158

07 和解第二步:剥离情绪,与伤痛自我对话 / 167

08 和解的最后一步:理解父母的局限性 / 173

09 和解的结果:我们懂得了真正的理解 / 180

第四章
你就是孩子最好的父母

01　活好人生下半场，取决于你内在人格的稳定 / 186

02　富足智慧的晚年，取决于年轻时的这三个条件 / 192

03　从女孩到女人，究竟有多难 / 198

04　人生唯一值得倾尽全力的只有自己 / 204

05　新的一年，男女平等依然是想象中的事 / 208

06　用力爱，才能抵御这个悲凉的世界 / 212

07　带着慈悲的智慧，才能真正帮助家人 / 216

08　爱在灵魂暗夜处闪光——来自心理咨询师经历的抗疫故事 / 222

第一章 原生家庭对人的影响究竟有多大

01
父母爱孩子的巨大谎言

每到春节,都会爆发一波逼婚焦虑高潮。曾经有一档相亲节目,叫《中国式相亲》,赢得了很高的收视率。这档节目突破传统的男女相亲的对谈模式,邀请了双方父母到现场为儿女把关,从而很生动地体现了"中国式相亲"的特点。虽然父母参与的确是中国式婚姻的特色,但节目中暴露出的当代父母对儿女婚事越俎代庖的现象,也生动地呈现出两代人由此问题而激发的代际冲突,从而引起了观众的共鸣。其实,与其说这档节目是娱乐相亲,不如说它更大的意义在于引起父母的反思。

作为成年人,为什么相亲这件事需要邀请父母来把关?

节目中激烈的冲突反映了家有儿子的父母"以爱之名"表现出的对儿子思维的控制。而这个"以爱之名",通常展现出来的话就是:天下父母都是爱孩子的。静下心来想想,这句话是真的吗?

中国心理学界著名作家武志红老师,在其畅销书《为何家会伤人》中就提到了中国式家庭的几大谎言,其中有几条我印象颇深。

谎言一:没有父母不爱自己的孩子。

父母之爱的确是伟大的,这是人类繁衍不息并传递爱的最基本也是最重要的通道。但这并不代表,一个人有了孩子就自动会成为好父母。在当今这个做什么事都需要考个证的年头，唯独当父母是不需要培训考试的。

很多人在心智不成熟的情况下就当上了父母，这样的父母会给孩子带来怎样的影响？如果一个人从小遭到了虐待，内心就会对父母充满仇恨，与此同时，他又是听着这句话长大的——"我打你，都是为了你好！"这样的孩子长大后，他以为爱一个人就需要用"打"来体现，就有可能复制这样的模式给自己的伴侣和孩子，也就是说，在他的新家庭里，会重复出现家庭暴力。其实，无论父母如何对待孩子，孩子一定都是爱父母的。而孩子爱父母的表现就是：我要和你一样！

这就是悲剧的轮回。

这句话像是一个巨大的魔咒。它让我们宽恕那些殴打孩子的父母，也让我们看不到恶最初是如何滋生的，从而让我们整个社会都不能直面相反的事实。我们也堂而皇之地拿着这句话来发泄我们自己的愤怒。

谎言二：我爱你，所以你要听我的。

当一个孩子蹒跚学步时，父母们总是伴其左右保护，生怕孩子被外力伤害。大人们为了安全，为了"爱"孩子，严重妨碍了孩子探索世界的努力。伴随着孩子的成长，我们变本加厉地这样做，帮孩子解决所有的难题，以"爱"的名义强迫孩子接受自己的决定。《中国式相亲》这个节目中就有位激动的母亲，用诋毁女嘉宾和道德来要挟自己的儿子接受自己所做的决定。这就是在扼杀孩子的生命。

生命的意义在于选择，生死是选择，为自己的人生做决定也是选择。当一个人自主为自己的生命做选择时，无论对错，他的生命都会因为自主选择而丰富多彩。只有做过选择，一个人才是真正地活过。

当你以爱之名替孩子做决定时，无异于在精神上"掐"死孩子，尽管这一切看上去多么的有善意。如果采取极端的"掐"，孩子总有一天也会用极端的方式解决这一切，"掐"自己或者"掐"别人。

很多父母总是夸自己的孩子特别孝顺。然而很多时候，"孝顺"两个字只是狭义的听话而已，父母的话就真的对吗？如果一个停止成长的父母，再用听话来要求孩子，用过去的经验来束缚孩子，那孩子是难以发展出独立的人格的。

谎言三：我爱你，所以我们不分离。

《中国式相亲》节目中有位母亲听闻自己的儿子喜欢女方煲汤，为了阻止儿子选择这位女生，便娇嗔地说："妈妈也会啊！"她的潜台词是不想让儿子离开自己。如果以这位母亲的所为为参照，那么现实中是不是有很多父母也会犯同样的错误呢？

很多父母在孩子进入青春期后，反而因为孩子的疏离而开始变得焦虑，并试图找心理咨询师来"修理"孩子。青春期的第一要务，就是孩子要学会在心理上与父母分离。孩子的疏离和叛逆都是他在尝试走过人生这一阶段的表现，而很多父母却因为自己无法接受与孩子分离的现实，又以爱之名来满足自己的需要。

通常情况下，父母和孩子黏在一起并不是因为孩子离不开父母，而是父母离不开孩子。孩子离开父母独立成长是生命的本能，只有这样，人类才能生生不息。而黏在一起的后果是：孩子会为了满足父母的需要，停止独立成长，甚至拒绝谈恋爱，因为他们会觉得那是对父母的背叛。那些在抱怨自己家的孩子成为剩男剩女的父母们，首先应该好好问一下自己，孩子不愿意脱单有没有可能是因为自己抓得太牢？

更有甚者，像一部韩国电影《母亲》讲述的那样，用自私的爱来吞没自己的孩子，使一个成年人早就停滞了生长，永远处于婴孩的状态，实现了从嘴到屁股的全面控制，看了令人不寒而栗。

也许你觉得你不会做到如此极端的状态，那么请我们各位为人父母者用以下几条予以自查，我们做父母究竟是否合格。自查的纲领就是，我们有没有把焦虑转嫁给孩子？

自查标准一：你有没有把劲儿都往孩子身上使？这在很多全职妈妈身上特别普遍，她们自己适应不了目前激烈的竞争，又没有勇气提高自己，只能以需要陪伴孩子好好读书为借口留在孩子身边，从而转嫁自己的焦虑。

自查标准二：把"理想自我"强加给孩子。有些父母将孩子作为证明自己的工具，而不是独立的另一个人，从而为孩子制定了所谓"标准而正确"的成长路线。其实这也是为了弥补"现实自我"和"理想自我"的差距。

自查标准三：认同"打是亲，骂是爱"的教养方式。这就如上文中提到的，打孩子以为是为了爱，其实只是潜意识地宣泄自己在别处郁积的负面情绪而已。

父母自己的成长停滞下来，对自己能否适应社会就会产生巨大的焦虑。他们可能不是通过自己的成长去解决问题的，而是将希望更多地寄托在孩子身上，结果让孩子承受了双倍的压力。

把压力转嫁给孩子，是一种双输的结果，最终孩子不会心存感激,到时父母可能还要伤心一场。其实源头都在父母自己身上。一个孩子的成长,应该成为在他自主选择下的最棒的人。

父母唯一能影响孩子的,只是你能否给孩子空间,并且与孩子一起成长。

如果父母用自己的理想塑造孩子,那么当孩子长大后,就容易出现强烈的叛逆心,因为他会发现,其实父母做的和说的并不一样。如果父母的关注点是自我成长,他们就没有太多的精力去干涉孩子,孩子反而有了自我成长的空间,而且不断受到父母变好的正向影响。所以,家庭是一个系统,父母只有做好自己才能带动孩子,从而让整个家庭的能量正向循环。

当今的父母们需要进化对孩子爱的方式。父母应多关注孩子的人格成长和心理需求,并在每次自己想要改变孩子的一瞬间,问一下自己:"这是孩子需要的,还是我需要的?"几次追问下,很多对孩子的要求便自然而然被放下,转而变成对自己的要求。孩子也就有了自己的空间去成长。

父母自然是爱孩子的,只是我们需要进化爱的表达,要去觉察那些以爱之名背后的自己的需要和控制,从而才能给孩子以表率,也才能为孩子的成长提供更大的空间。如果只是将你空虚的躯壳寄生在孩子的身上,那么这只是以爱之名的控制,而不是健康的父母之爱。

02
中国式爱情——当被吞没遇到被抛弃

案例一

小华是我儿时的玩伴,虽说是玩伴,记忆里也不过一年左右的光阴。五六岁的我经常陪着哥哥一起和他拎着正广和塑料桶去附近的弄堂口打盐汽水。有一日,小华在排队时与几个高个子的男孩起了争执,而我哥恰巧不在身边,他们几个人扭成了一团,最后以其他大人出来拉架外加小华"光荣负伤"收尾。我和赶来的哥哥一起送小华回家,只是没有想到的是,他妈妈打开门看了一眼小华后,就直冲我哥吼道:"你怎么把我儿子打成这样?!"她那张愤怒的脸被我锁定在记忆里,成了那个夏天的定格,也成为小华在我心中的剧终镜头。之后,我听妈妈安慰我哥时说:"他妈妈挺不容易的,他爸爸跟别的女人跑了,她一个人带着儿子多难啊。"

案例二

小艾是我的来访者,为恋情痛苦不已。她是个有觉知的姑娘,屡次恋情中断都源于对方承受不了她的喜乐不定、愤怒无常,当这种情景在现有的关系中开始出现时,她想到了来做咨询。

前两次的谈话已经让我了解到,她在关系中时而爆发的愤怒其实最初是来自自己的父亲。在她最关键的童年和少年期,小艾优秀的父亲一直忙于做弄潮儿,鲜少陪伴在她们母女身边。虽然母亲对小艾的要求很高,但小艾很小就懂得去安慰自己的母亲,学习优秀、乖巧懂事,只是记忆里和父亲的短暂相处最后都是以痛哭收尾。进入青春期后,他们终于家人团聚,但小艾却与父亲若即若离,像陌生人一样打着招呼。她的前几段恋情惊人的相似,只是看了别人一眼,她就无可救药地爱上了对方,爱得热烈而汹涌,但都如烟花般转瞬即逝,分手也基本都是对方提出的。

小艾应该具有典型的被遗弃创伤,由于儿时父爱的缺失,她将自己与母亲认同为一体,深深地思念父亲但同时又对其充满了愤怒。于是,她在成年关系中,不断地将她生命中重要的恋人投射成她的父亲,她就像她母亲当年管控她一样去死死地监控住这些男人,而这些男人也都像她曾经的父亲一样在她的视野里消失。每每此时,她的愤怒之火就被点燃,而关系也往往终结于此。

当小艾把她现任男朋友的照片给我看,并把他的名字报出来时,我怎么也没想到,小华就是小艾的现任男友。当夜深人静复盘这个个案时,他们两人的故事渐渐在我心中变得清晰和完整起来。

小华已经离过一次婚,离婚后的他为了照顾母亲又住了回去。有一天,小艾与小华争吵后不到半天,小艾就接到小华母亲的电话,质问她为什么吵架,致使她打了一上午电话小华都未接。小艾被噎了半天说不出话来,直到小华的表嫂(也是他们关系的介绍人)打电话给她,解释了小华家里的情况,并一直嘱咐小艾:小华的妈妈真的非常不容易，小华从小就是个非常懂事的孩子，对母亲非常孝顺，如果你想和小华在一起，就要对小华妈妈好。当小艾跟我说这些时，我瞬间想起了小时候我母亲安慰我哥时说过的那些话。

这段关系对于小艾来说，不同的是以往的恋情都是她在找碴吵架，但与小华在一起，却是小华挑起种种事端。小华欣赏小艾的精明能干，但又时不时抗议小艾过于强势；与小华在一起，小艾总有种说不出来的距离感，仿佛他带着一个硬硬的壳，很多话题都流于表面无法深入内心。

小艾是个急性子，出去玩无论是看电影还是旅游，都是说好了就立即去安排。虽说小华总是一口答应，但临到眼前却又对小艾的安排各种挑剔，或者索性答应了之后又反复变更，硬生生磨炼小艾热情似火的急性子脾气。

小华并不太常提起自己的父母，即便是在小艾的好奇提问下，他也是对此躲躲闪闪。因此，小艾总是在心里猜测小华可能没有与她长期相处的打算，那种小时候被抛弃的感觉就再次浮现，于是忍不住对小华进行一次次愤怒的发泄；同时小华对小艾的不满越来越多，他要求小艾一定要学会温柔，并强调，他要找一个像他妈妈一样对他好的女人。

"你们俩真是一对啊。"我冲着小艾苦笑了一下，"这就叫致命吸引力！"

小艾把小华小时候的全家福给我看时，我从小华的母亲和奶奶的眼里读出了同样的信息：那个眼神显示出的是如此得能干和强势；而小华的父亲和爷爷呢，都是一双温顺或者说是空洞的眼睛。这就是典型的中国式家庭的轮回，而小华和小艾体现的也是典型的中国式爱情。

在一段婚姻中，女人若得不到爱情的滋养，当不安全感启动时，便想伸手管控自己的丈夫。这会令丈夫非常不舒服，因为他想起了小时候被妈妈吞没的噩梦，于是这个男人就会选择逃离，他可以选择离婚，也可以选择拼命工作，或者养成一些成瘾的爱好。女人抓不住自己的丈夫，只能去管控自己的孩子，并且像一头母狼一样本能地去攻击外界可能伤害孩子的人。她如果有个女儿，就会去博得女儿的同情，如果有个儿子，那正好可以弥补自己情欲的空洞。女人一遍遍地向她的儿女诉说孩子父亲的种种问题，孩子们便自然而然地仇恨起自己的父亲。而这个逃离女人的丈夫看到儿女可以弥补女人的空洞，便会顺水推舟，以事业或者其他借口成就自己的自由。

独自抚养儿女的母亲，几乎被所有人冠以"伟大"二字，因为她们最忘我、最无私地把自己的青春都奉献给了孩子，周围人的美誉也让母亲彻底认同了自己的伟大，她一遍遍对着儿女说："为了你，我牺牲了所有的一切。"这些不堪重负的压力，打压了孩子可能有的反抗，他们只能用顺从来表达自己的愧疚。

长大后的女儿，心中充满了被父亲遗弃的感觉，对亲密关系具有强烈的渴求，往往很容易就坠入爱情。而当恋爱关系中种种不安全因素浮现时，她便将父亲的形象投射到关系中的对方身上，愤怒发泄。

更可悲的是，长大后的儿子以为自己一直处于对父亲的愤怒中，但潜意识里，他其实承受不住把自己吞没的母爱，明明是母亲和父亲之间的事情，为什么要让那么幼小的自己来承受？可这样的想法持续不了一两秒,转瞬,他又会开始责怪自己,就像众人的口吻一样:"你的妈妈为你牺牲了这么多,你怎么可以这样责怪她?!"在一次次的内疚后,他彻底麻痹自己,但潜意识对母亲的愤怒无处发泄,于是只能投射到自己的亲密关系中去。他想要一个和他妈妈一样给他天天挤好牙膏、铺好被子的温柔女人,但也不能像他妈妈一样对他管头管脚、总是提出严苛要求的女人,他要么选择被动顺从,要么受不了管束而发怒。

成年后的女人出于安全感的考虑,她会和看上去容易掌控的男人走入婚姻,这个男人恰恰就是上述那个被动的男人。就这样,新一轮的"剧情"就此展开。可想而知的是婆媳大战也因此上演。

小艾问我怎么办,我只能告诉她,一直以来,最好的解药就是"看见":看见自己成长中的创伤来自何处,在关系中觉知到自己的情感投射,对于曾经侵害过我们而不自知并且企图进行越界的母亲,我们要温和而坚定地叫停。

而对于女人来说,我想再多说一些。女人肩负着抚育孩子的责任,如果能将目光更多地关注到自身的成长和发展,少伸手向外界抓取,做自己内心小孩的父母,那么你帮助的不仅仅是你自己,可能改变的就是家族三代人的命运。

这个个案结束后,我并没有告诉小艾,我认识她的小华。说不说又有什么关系呢?对她而言,在这个关系里如果无法成长,她还会遇见下一个小华;于我而言,小华只是一个代号,在我们的身边,随处可见。

03
母爱未必都是伟大和纯粹的

欧阳出现在我咨询室时,面容憔悴,她跟我的年纪一样但满脸黄气。她最近得了一个很怪的毛病,就是没有办法洗碗。按照以往的习惯,她都会在下班后把菜烧好,然后等着老公和女儿回家吃饭。结婚十几年来,每次吃完饭以后,收拾和洗碗的活也都是她自己来干的。

但是,最近不知道怎么回事儿,一洗碗就会感觉到非常恶心,以至于看到饭碗都感觉到厌恶。她说自己的这个问题已经持续有三个多月了,一开始可能还会自我调整,但是现在越发不能调整。而且一开始老公还能体谅她,帮着她做家务,后来老公也表示她实在是太矫情了。在我们逐层深入探讨后,我们把欧阳对洗碗的厌恶聚焦到了他们家用的洗涤剂上。这次咨询后,欧阳决定把家里的洗涤剂给换了。

事情当然没有那么简单。等到她第3次来咨询时,她的症状依然没有得到缓解。不过第3次的咨询却取得了重大进展,因为在咨询的过程中她突然回忆了一件事情。她记得在自己小的时候,每次晚饭时间,妈妈都会先把菜弄好,让爸爸和她先吃,然后妈妈一个人在厨房擦洗,由于家里的住宅面积比较小,洗涤剂的味道会弥漫整个房间。在她的记忆里从来没有一顿饭是纯粹的饭香,而是都混合着洗涤剂的味道。小的时候她感觉妈妈非常辛苦。妈妈总是把厨房卫生打扫好了以后才过来吃饭,所以无论是夏天还是冬天,最后妈妈吃到的菜都是冷的。

如果照这样解释,那一切就合理了,因为在半年之前欧阳刚失去了自己的母亲。也就是对于她来说,洗涤剂的味道唤起了她对母亲逝世的伤痛。但后续发生的事情显然说明我的结论下得太早了。

在我引导她对母亲的逝世表达自己的伤痛时,我问她:"如果这个洗涤剂的味道会说话,她会说什么?"

欧阳瞬间把脸沉了下来,用一种非常狠的语气说:"我让你们俩吃,我现在看你们还怎么吃?!"

我小小地吃了一惊,冷静下来后问她:"说这句话的是你的母亲吗?"

她点了点头,然后开始抽泣。

在欧阳的情感世界里,她和她母亲的关系非常复杂且微妙。在她很小的时候,因为爸爸经常出差,所以在她的记忆里平时都是和妈妈在一起。在她上学之前的记忆里,母亲既温暖又有爱。但是在上小学以后,父亲的工作变得越来越清闲,于是有很多的时间可以陪伴她,而与此同时,自己的母亲在教师的岗位上渐渐变得风生水起,越来越忙。欧阳也说不清楚是从什么时候开始她跟妈妈的关系渐渐疏远的。她只是感觉妈妈有时似乎故意在跟她对着干。她的妈妈不允许她穿漂亮的衣服,不给她买好看的发辫。而且最为明显的是,只要爸爸说哪件衣服或哪个书包好看,妈妈一律都不允许买。青春期以后,欧阳和母亲的心理距离越来越远。

我问欧阳,对于刚才她代替妈妈说的那句话,她自己的感受是什么?欧阳闭上眼睛想了想,然后吐出两个字:嫉妒。

在说完这两个字的一瞬间,她又睁大了眼睛望着我:"这怎么可能?妈妈怎么可以嫉妒女儿呢?"

母女的共生幻想

母亲对女儿的影响有多大?

女儿自己的人生是从一种同性别的爱开始的,即从她和母亲的关系开始的,直到后来才加入了对父亲的爱恋。从精神分析的角度来说,一个女孩的成长,是需要先从母亲的身边分离,然后走向父亲,之后再走回母亲、认同母亲的过程。所以一个健康成长的女孩子,必然要在学龄前发展出对父亲的爱恋,也就是她要发展出与自己心中全能的母亲的分离。在这个分离的过程中,需要的是母亲的协作与配合。有的母亲会嫉妒自己的丈夫和女儿过于亲近,从而在无意识的情况下对女儿施以各种冷暴力。当然一个母亲越是脆弱越是自卑,她对女儿的嫉妒可能就越强。

其实,这来源于母亲对女儿的共生幻想。共生意味着两个物体相互依赖。当我们一直依赖于孩子的认可时就会产生问题,比如当母亲离开时,她需要孩子表现出黏着自己,否则她就会觉得自己不被孩子需要,不是一个好母亲。这种不健康的互相依赖叫作共生幻想,它是一种妨碍正常成熟过程的障碍。如果母女之间的这种联结不被打破,那么女孩就没有足够的空间去独立并发展其他关系,因为当她每次想要向父亲走近时,都能感觉到背后有母亲冰冷的目光注视着。

如果一个女孩全然不顾自己的母亲，直接奔向了其他关系，那就会走向另一个极端，所以女孩要部分和自己的母亲分离才行。在很大程度上，一个孩子的第一段关系决定了他们的自我认同和自我价值观，对于女性来说尤其如此。女儿总是会持续受到母亲的各种影响，并将自己不断地变成母亲的一部分，无论是身体还是灵魂。她必须实现母亲的愿望，而不是她自己的愿望。久而久之，当自我意识觉醒时，这样的习惯便会让她产生对母亲的仇恨，即使她常常掩饰看不见这种仇恨。所以欧阳也承认，自己对母亲的爱里也有恨的成分在。

简单来说，如果母亲较为脆弱，她无法忍受女儿离开自己，去转向其他关系，母亲就自然而然地产生了嫉妒。但由于母亲嫉妒女儿这件事有悖伦理，所以就会演化成母亲对女儿的各种攻击，可能就会体现为一个颇为严厉的母亲，对女儿有很多指责和贬低。我们以往会简单地把它归为一个女性低自尊的代际传承，但实际并没有那么简单，它还夹杂了同性之间的斗争。

消除共生幻想

其实，一个对自己的母亲感到失望的母亲，更容易和自己的女儿产生矛盾的关系。

欧阳在回忆自己与女儿的关系时，突然意识到自己也会经常重复母亲的这种行为。在老公和女儿吃饭时，她自己故意拖延进入餐厅和他们共同就餐的时间。在没有做这场咨询之前，她将自己的行为解释为低自尊的代际传承。诚然，这部分的确是有的，但问题的本质是她母亲当年没有迈过去的坎，如今她也遇到了。

她非常爱自己的女儿，但是她也极度脆弱。她一再地告诫自己，不能再让自己和女儿的关系重走自己和母亲的老路。所以，她以爱之名想让女儿不要疏远自己，当女儿拓展自己的社交范围时，欧阳总会有意无意地做出阻挠，而女儿必须每时每刻表现出需要她的样子，这样才能让她觉得自己是有价值的。也就是说她的女儿其实非常敏感，知道自己的母亲在意什么，也顺从了母亲的这种情感上的占有。应该说，她的女儿很早就学会了如何调节自己的情绪来适应母亲的无意识需求。当女儿进入青春期以后，这种共生幻想就被打破了。欧阳明显感觉到就读初二的女儿已经隐隐和自己产生了敌意。

我们可以说做母亲这件事情是天下最大的修行，但是这种修行并不像我们传统所讴歌的那样，母亲有多么伟大，母爱有多么纯粹。母亲在抚养子女的过程中，尤其是在抚养女儿的过程中，要学会克服自己脆弱的自尊，学会该放手的时候就放手，更要懂得——我作为我自己是有价值的，而并不需要我的孩子对我的需要和孩子对我的评价来作为我存在的价值标准。

在该分离的时候不让孩子跟自己分离，这是母爱最大的残忍。

04
你生活中的痛苦，可能恰好就是你一直逃避的

我们在生活中经常会有这样的感觉，不想什么，什么偏来。比如，我可不想变穷，但是现实情况却是我越来越穷；或者是我不想遇到渣男，但是生活中总是会遇到渣男。从能量的角度，我们经常会这样解释，因为你对那份东西有恐惧，所以你内在的恐惧就会吸引外在的事件发生。我想从心理学的角度来给大家解释一下，也许我们生活中的痛苦就是我们一手制造的。

我的一位美国老师在上课时跟我们讲过这样一个案例。一位女性找到他做咨询，这位女性在七八岁时，由于肾部受伤进医院急救。她在氧气舱里待了很长时间，最终身体痊愈，康复出院。但不幸的是，对于年幼的她来说，总觉得在氧气舱恢复的那段时间里，有一位医生对她做了不好的事情，但她又说不清那是什么事。这之后，她总是对医生这个职业有一些莫名的恐惧。女孩在后来的成长过程中，总是轻易就和一个男生恋爱，然后轻易就和对方发生关系。

在大学毕业后，她去医院谋得了一份放射科的工作。在22岁的黄金年龄，她急匆匆地就结了婚，嫁给了他们科室的一位医生。但结婚半年后，她的先生要求和她在性生活中加入一些性游戏。但那些性

游戏对她来说是不可忍受的,因为她需要戴着手铐脚链,忍受她先生对她的折磨。

再之后,她又一次受了伤,那是比小的时候更严重的一次伤害,她去了另外一家医院就诊,结果悲剧再次发生了。住院期间,她在手脚都不能动、意识比较模糊的情况下,被一位年长的医生性侵了。这时她突然回忆起,在她七八岁时发生的那些事情究竟是什么了。当年的情境重现了。

这位女士对自己的命运非常疑惑,所以来寻求心理治疗。在与老师探讨的过程中,她发现了自己的命运总是在某个创伤点上不断重复。小时候经历过性侵,二十几岁时主动开展一些开放性的性关系,之后匆匆忙忙找了一个医生作为自己的伴侣,可没想到自己的先生在性的选择方式上又给她带来了创伤。直到再一次遭遇了性侵事件。如果我们把它解释为命运的话,我们会觉得这个女性非常不幸。她不断地在性这个问题上经历创伤,我们会感觉,老天对她实在太不公平了。但在潜意识的运作方面,我们也可以说,除了在她幼年时所经历的性侵外,这之后一切都是她自己选择的。

构成命运的强迫性重复

这是一种很微妙的心理情结。当我们生命中发生了一些创伤性的事件后,作为人会本能地创造一些事件去重新经历那个创伤,好让自己可以重新掌控或者修复那个创伤。我们把这样的情景叫作强迫性重复。在经历强迫性重复时,那些让人烦恼的痛苦的情景,当事人通常没有办法认识到自己也参与促成了这类事件。比如，这位当事人在七八岁出院以后已经非常恐惧医生了。与此同时，她内在有一个信念，就是有权威感的男性会控制我，利用我和剥夺我的价值。带着这样的信念，她选择了医院的工作，又嫁了一位医生（有权威身份在）。这些都是她潜意识里面想修复创伤的一种表现：我需要创造一些情境，让我重新经历创伤的事件，好让我有机会做出和当年不一样的反应，让我修复那个创伤。

这样的心理情结在生活中经常出现：有过出轨的父母，长大后也常会有出轨的伴侣；原生家庭里有暴力现象，长大后自己的新家庭里也常会有暴力现象；曾经被父母忽视，后来找的伴侣也常忽视自己和孩子。即使没有这样显而易见的事，如果你静下心来观察自己也会发现，自己种种小的创伤会反复重演，比如：你小时候经历过被孤立的事件，长大后会不自觉又陷入当年的情境。

虽然我们主动创造情境去修复创伤，但我们为什么没有能力去克服创伤的重现呢？在心理学上来说，经历了创伤的个体，人格发展在某一个时刻就停了下来，自己没有能力吸收新的元素以扩展自己的人格去应付当前的情境。而每一次再次经历类似事件，会让当事人感觉我有机会重来一遍。于是，在这样的潜意识里，当事人会觉得"我能，我可以"，但意识里又没有新的应对方法，所以就造成了这样一再重复的宿命。

我们的潜意识中都有一种想要回到事情最初的状态中的渴望，希望能够变被动为主动，掌控那些我们在年幼时无法控制的东西，改变最后的结果。关键是我们要具备打破创伤的能力。

如何看见痛苦的成因，打破轮回的宿命

当我们意识到我们生活中的痛苦一再重复时，作为人的本能是想修复，只是我们需要学习更科学的方法去应对重复发生的情境。以下程序供您参考。

（1）有一份稳定安全的情感作为支持。要想修复过去的创伤，一个人就必须有安全紧密的情感联结。如果生命中有人提供情感滋养，这能够给有这个创伤的人提供必要的安全感，如此他们才会敢于探索生命，打破他们内心的自我隔绝或者社交隔绝。

（2）看见和表达最初的创伤。我们潜意识里对于最初痛苦感受的否认和回避，带来了我们无意识行为上的重复。这些行为不会消失，直到我们用语言的方式承认它们的存在。描述创伤是一个细致的活动。我们把创伤定位到某一个特定的时间和特定的地点，就是当年的某时某刻，发生了什么事，这件事是如何一步步发生的。当我们把最初的创伤单独拿出来重讲一次的时候，就会开始将无意识的部分意识化，也就是抓住那些一直逃避的东西，让它曝光。讲给谁听呢？就是那个给你提供稳定情感支持的人，他可能是你的爱人，也可能是你的心理咨询师，至少是一个可以接纳你创伤经历的人。

（3）对当前处境建立新的认识。作为一个成年人，我们可以学习健康地保护自己。当创伤被看见以后，我们就已经有意识地不再次卷入类似情境，不再投入到那些明知道是有伤害的关系和行为中。也许还是儿童时，我们无力抵抗不幸的事件的发生，但作为成人，我们的命运中存在着我们自己的选择以及由此选择带来的结果。

"那些忘记过去的人，一定会重蹈覆辙。"这句话不仅仅是指我们

要吸取人生的经验教训,更重要的是,我们对痛苦的成因不能再逃避下去了。也许当局者的你就像被困在笼子里的小仓鼠,以为自己的命运就是如此了,但请你千万别放弃自己,你可以找一位专业人士帮助你。请你相信,只要我们敢于面对那些太痛苦而被我们压抑的事件,我们就有机会重新书写出一个不一样的故事。

05
丁克族的隐痛：我只是不想自己的童年再来一遍

小九并不是一开始就想丁克的，在爱上自己的先生以后，先生告诉她，自己有乙肝大三阳的问题，不适合要孩子。年轻的小九不顾家人的反对，义无反顾地嫁给了他。在十年的婚姻里，慢慢地小九在内心对没有孩子的生活方式越来越喜欢，享受两人生活，"两人世界"成了她的生活信仰。但就在不久前，小九和他的先生办理了离婚手续，因为她的先生生理问题已然痊愈，又很想再要孩子，而小九却已经成了坚定的丁克族。

看到这样的故事，会有很多女性朋友为小九不值。小九倒是很从容淡定，对前夫没有半点埋怨，在理想与爱人之间，她选择了自己的信仰，哪怕这个信仰其实最初也源自爱。小九也曾犹豫和困惑过，但她在一堂自我探索的心理学课程上最终明白了自己为何如此坚定要做丁克族。

小九是家里的老三，她出生时还在国家计划生育政策下。本来她们的家就是计生办重点关注的对象，所以妈妈只能把她生在了异地的娘家，由外公、外婆和太外婆共同抚养。在她的印象里，她对父母的印象就是一个月来带一次礼物的人,而她要面对的永远是三个老年人严苛的家规、固定的作息时间、老态龙钟的面孔和阴沉的家庭气氛。童年里没有父母,也没有和其他小伙伴共同玩耍的印象,她只记得天还没暗,就被外婆赶回家。对她而言,作为孩子,就意味着孤独,她之所以努力学习,最大的动力就是离开这个死气沉沉的家。虽然之后她也与父母住过一段时间,但彼此之间客气得就像房东与房客,直到她遇到了自己的先生,她内在被爱的渴望才被唤醒。而这个唤醒她爱的男人,更唤醒了她潜意识中不想重复自己童年孤独的经历的想法,于是她便义无反顾地嫁了。

离婚后的小九,更多地理解了自己。虽然也有朋友跟她说,生一次孩子陪着孩子一起长大,给孩子一个幸福的童年这样的过程,对自己也是一个很好的疗愈,但小九已经完全没有这个想法了。在十年婚姻里,她在自己的事业领域找到了自己的所爱并有所建树。

"余生,我只用来活出自己,这样才对得起我童年经历的那些痛苦。"小九这样跟朋友们说。

一个女人到底要不要生孩子,一个家庭是不是有了孩子才完满,这样的问题在现在的社会已经没有什么所谓正确答案了。时代的进步,让女性更有底气拿回自己的生育权,想生的多生,不想生的就不生。这是文明的进步,也是人类在实现温饱后更看重个人价值的必然结果。

虽然处在国家已经鼓励三胎的环境下,但除了经济压力的原因外,仍然有越来越多的人选择婚内不育。我们更多地从心理层面来剖析,综合看有以下一些主要原因。

（1）自己的心智未成熟，嫌孩子麻烦。这样的心理更多地存在于年轻的丁克一族身上，逢年过节时，看到孩子们串门嬉闹，他们普遍的感觉是烦。尤其是在孩子犯错不守规矩的情况下，厌烦感上升后自然强化了自己不要孩子的信念。我观察过很多这样的人，到了中年，他们会因为人格的完整和包容，慢慢改变对孩子单一标签式的看法，从而转身加入生孩子的大军。这样的人，在他们小时候，往往父母没有给过他们充分的自由，他们是需要更多一段"丁克"的时期来完成自己人生中错过的青春期。

（2）女性自主意识的增强，晚婚错过了最佳生育期。现代社会中每个人的生存和经济压力加大，人们工作后的十年都为了第一套房而努力，等到在情场上摸爬滚打几年后，才慢慢选定终身对象步入婚姻。在中国社会，不但生育孩子是母亲的事，而且在养育的精力上也基本是女性投入的多，这对于很多女性来说，就意味着自己要亲手毁掉和推翻自己多年辛苦得到的事业成就。同时，可能身体情况已远不如年轻时，不管是从孕育孩子的质量还是从抚育孩子所需的精力考虑，都最终只能放弃要孩子的念头。人的一生最重要的是成为自己，而不仅是一个生育的机器，在这样的信念下，很多女性选择不生。

（3）自己曾经的童年不够幸福。我在很多调查中发现，尽管丁克的理由比以上罗列的更丰富，但究其深层的理由，在主动丁克的人群中，曾经有个不够幸福的童年是他们大多数人的经历。当我有过一个不幸福的童年时，我也不想再让我的孩子经历一样的情况，同时也因为我曾经不是一个快乐的孩子，我也不能保证我是一个快乐的母亲。再加上现在社会竞争的残酷性，孩子从小就参加各种各样的补习班，由此开始卷入社会的残酷竞争中,以取得社会地位,赢得他人的尊重。自己在这个适者生存的社会中已经够累了,不想让孩子跟自己一样过得如此辛苦,所以索性不带他到这个世界上来。

有许多这样的女性,在咨询中,提起自己的父母,都会抑制不住地痛哭。很多亲子分离的创伤或在成长过程中不恰当的养育所造成的伤害,不但影响着他们的人际交往、亲密关系,更有着对自己身为父母的担心和恐惧。他们中的很多人在心灵成长后,与父母的关系和自己的那段历史得到了和解,但身体和精力已经不具备要孩子的条件了。不过,对于这样的丁克族,能够将青春期延长两倍,能够自由地追求和享受心中的爱好,能够更专注地享受当下的生活,还是会让他们感觉自己的选择是值得的。

丁克族的生活烦恼,除了会担忧自己的养老以及另一半离世后自己怎么办的问题,最麻烦的就是另一半中途想要放弃这个生活理念而带来的彼此情感上的伤害。作为心理咨询师,我建议,为了让自己生活的稳定度提高,对于要不要生育这个问题,在婚前甚至婚后有分歧时,夫妻双方可以在咨询师的帮助下共同探讨一下。要不要孩子不是给父母交代,也不是简单的要不要的决定,而是两个人要进行内在深入的探索:我不要孩子这个信念源自何时何处,背后的伤痛是否可以疗愈,是否可能动摇?未经灵魂拷问的决定,可能都带着草率,也可能会带来日后的伤害。

人生中会遇到许多各种各样的选择题,而是否生育只是其中的一道题。只要我们根据自身的现实条件做出无悔于心的选择,就足够了。

06
如果你有一位偏执型人格的亲人，你需要学会自我救赎

今天我想跟大家讲一个对于我们中国的家庭来说非常具有代表意义的故事。

一个刚刚20岁的女孩，之前在医院被诊断为焦虑症，服药后一直住在同学家里。她的症状慢慢减缓减轻后，她就搬回了自己的家，与父母住在一起。而她被她的母亲带到我身边的时候，是在回家一个月后。这个年轻的姑娘有过一次未遂的自杀行为，为此母亲感到了事态的严重，想求助于心理咨询。

第1次约谈时，这位母亲单独见了我。她刚刚从中学教师的岗位退下来，虽然只有50多岁，但头发基本上已经白了2/3，整个人看上去非常操劳的样子。在整个会谈的过程中，这位母亲都带有极度高昂的情绪，不管是在表达慕名找到我的激动，还是在表达对女儿的种种不满甚至是恨意时。似乎她一定要用她女儿的坏来体现她的好，用女儿种种的失败来衬托她是在多么用力和努力做一个好母亲。而我本能的感觉是这位母亲的问题很大。

在第2次跟她和她女儿见面时，我对这位母亲内在的感觉得到了印证。在女儿对母亲的态度非常的抵触的情况下，我将两个人分开

了。当我单独和女儿在一起时,她在我的引导下倾诉了很长时间。在这个女儿的嘴里,她眼下的大部分痛苦都来自自己的母亲。她跟我举了几个例子。

◆ 在她小的时候,她经常看到爸爸妈妈吵架,而吵架的理由只有一个,就是妈妈总是怀疑爸爸在外面有其他女人,她会去查爸爸的手机,去到爸爸的单位查岗。而即便一次次的证实她的爸爸真的很清白,什么事也没有,这样没有根据的怀疑依旧贯穿了她整个童年时期,成为父母争执的主旋律。

◆ 这样无处不在的没有根据的怀疑和不信任,也自然延展到她的身上。拿生活中的小例子来说,当这个女孩觉得我现在真的不冷,我不需要加衣服时,这位母亲一定要给这个孩子加衣服。似乎她从来都不相信女儿自己的感受。女儿说:"久而久之我知道我自己的感觉是不重要的,只有我妈感觉好才行。"

◆ 她与母亲沟通时,一定要小心翼翼,不要触碰到妈妈的玻璃心。因为就算女儿随口说一句:"你真老土,你连这个都不知道。"妈妈也会感觉到这是女儿对自己的蔑视和攻击,她会认为女儿看不起自己的学历,从而会情绪非常激动地向女儿表达不满,即便女儿从来没有这个想法。

◆ 自从女儿谈恋爱之后,母女的矛盾似乎被放大了。有一次母亲对放学回家的女儿说:"我看到你男朋友了,你男朋友今天躺在路上,发了羊痫风。"而其实那天她的男朋友根本就不在当地,她的母亲却言之凿凿地认为她看到的就是女儿的男朋友,并且认为她的男朋友就是不好的、有问题的,配不上她的女儿;或者母亲会突然提醒女儿:

"你的男朋友是不是还和他的前任在一起？你看他都两天没有联系你了。"而在女儿因为自己的病终于被自己的男朋友分手后，这位母亲不但没有抚慰女儿，反而对女儿进行了更猛烈的贬低和攻击。这也直接导致了女儿最近一次的自杀行为。

当与这个家庭做了4次咨询后，尤其是在我亲眼见到了外公外婆和这对母女如何互动之后，我基本确定这位母亲是属于偏执型人格结构的母亲。虽然女儿得病，但得病的原因却在很大程度上来自这位母亲。

偏执型人格的表现

偏执型人格的人最典型的特征就是对他人不信任及多疑，在别人无害的评论或事件中，总能读出隐藏的贬抑或威胁意义；持续地怨恨，无法宽恕别人对自己的侮辱、伤害或轻蔑；面对一般人并不觉得有被明显冒犯的状况，却自觉人格或名誉被侮辱，因而急速愤怒回应或反击；似乎总是会把所有的坏都投射在外部世界，看问题非常极端，要么全好，要么全坏。

虽然说人格的组成是复杂的，一个人身上可能会有几种主要的人格特征，但偏执型人格的人在人群中还是非常好辨认的。偏执型人格的人，一个基本的防御机制是否认。比如在你谈论对某个人的不良感受时，他会立即否认，表达的方式可能是："你别这样想，这个人其实挺好的，他也不容易等。"哪怕是些显而易见的感受，他们似乎也非常害怕去面对，所以急于否认。与否认相关联的另一个防御机制就是投射认同。他们会把一些情感否认后再投射出去，例如把愤怒敌对的态度还有攻击性的冲动都加以否认并且投射。举例：如果我恨我的老板，我害怕他会伤害我，但是这些想法和感受会让我感觉到羞耻，所以我就会对这些内容加以否认，然后把它们投射到我的老板身上，认为他要来加害我。

所以我们会看到，偏执型的人往往会否认自己的想法，然后在别人身上看到并感受到这些情感，而他们之所以否认，是因为感觉到羞耻。因为他要否认这部分羞耻，所以他要将这种情感投射到别人身上。

偏执型人格是如何养成的

偏执可以在家庭内部传递。当我们咨询师面对一个偏执的人时，往往会发现他们的父母也是偏执的。就像这个案例中，在约谈了与女儿同住的外公外婆后，我发觉他们也是一样的偏执，所以当这个女孩有某种情感时，母亲会否认自己的感受，然后将其放到孩子身上，并因为女儿有这样的心理而去羞辱她。当女儿向外公外婆求助时，他们往往也会否认女孩身上的真实情感，不断地劝她，说"你的母亲有多么不容易、多么辛苦"，从而让这个女孩感觉更孤立无援。

而再回顾这位母亲的成长史时我发现，她的成长过程充满了极端严厉的评判、反复无常的惩罚、毫不留情的痛斥、父母的难以取悦。可以想见，这是一种偏执的代际传递现象。

偏执型的父母不允许孩子成为一个独立的人，他们把孩子紧紧地抓住，然后让孩子成为自己的容器去容纳自身那些不好的即坏的部分。对于一个正值青春期的孩子来说，他们自然的愿望就是要跟父母分离，如果实现不了可能就会以争吵、叛逆甚至疾病的方式去反抗。当然，也有很多孩子会直接继承父母的这部分人格。对于偏执的人来讲，如果说我需要我的女儿做一个坏孩子，那我就可以把我自己坏的部分投射给她，然后让这些坏的部分远离我，这样孩子就会得到一个信息：一定是我自己出了问题。因为对于孩子来说，很难去面对父母不好、但是父母对我来说同时又是重要的人这样一个事实。而像这个案例中的女孩其实是非常具有生命力的，她的生病和自杀行为都是一种不愿意被同化的生命力的表达。

如果我的亲人是偏执型人格，我该怎么办

与偏执的人相处其实是蛮痛苦的，一方面，家人会感觉这个人很想要被温暖地对待，因为他承受了非常多的痛苦；另一方面，他也有很多恐惧，所以很想要你去关心她，但是他的表现是不断地攻击和让你受伤，他看不到自己的投射，而且会坚持认为他比你要更了解你自己。

我们学习心理学后知道，在沟通中要经常跟对方沟通自己的感受，从而替代讲事实讲道理的部分，这样的沟通会非常有效。但是，对偏执型人格的人来说，反而不能讲太多感受，因为他对压抑的感受很恐惧，如果硬要跟他反馈你的感受，反而会引来他更多的恐惧，会招致他更大的情绪反应。所以，跟这样的家人相处，你需要尊重被他否认的那部分感受。

具体怎么做呢？你需要在一定程度上去承认他所看到的一些内容

和事实本身。

比如前文中提到的女儿，可以这样回应她的母亲："我的男朋友在外地工作，今天不可能出现在这里；每个人都有前任，我相信他。"而不能说："你这样说，我感觉不被信任，感觉很受伤。"

然后，把被偏执型人格家人否认和投射的那些内容想方设法地正常化。例如，你可以做出一些随意的评论，你可以随意地讲："是的，每个妈妈其实都会担心自己的女儿"；或者说"我看到很多谈恋爱的人，的确也会担心自己的伴侣出轨，这好像是个时代病一样"。与此同时，你不需要给出太多的解释。按照这样的处理，他会觉得你可以把他的感受正常化。当然，这不是一个立即就会改变的过程，因为这个家人持续生活在否认里。你可以坚持不懈变着花样去表达你的评论，有的时候用一个笑话，有的时候可以通过讲故事或者谈论一部电影来传达你的意思。

总之，当偏执型的家人感觉到他跟其他人一样，内心都会有一些感受是件很正常的事时，他内心的冲突就会越来越少，呈现在外在的攻击贬低和指责就会减少。

平心而论，家里如果有偏执型的人，尤其孩子在成长过程中感受到父母极端的偏执，对于孩子来说是非常痛苦的，因为他体验到的是自己不但不被理解，反而会被攻击。有生命力的孩子往往会经历长时期的反抗，而较为乖顺的孩子往往选择认同父母，将这个问题在家族中传递下去。如果你是后者，那么请你现在醒来。

07
春节，让心回家不再难

案例一

小安坐在我面前告诉我她很怕过年回家，因为她特别害怕回家面对自己的那一大家子亲戚们。从小她就在他们刻薄犀利的语言中度过，而她的父母们由于经济状况需要大家庭支持，对这些言语只能装聋作哑。长年在这样的奚落下长大的小安，性格敏感脆弱，一到家庭团聚之时就显现出各种焦虑。

案例二

朵言的每个春节都过得郁郁寡欢，她总是兴冲冲地早早就置办了年货抢到了火车票，也是办公室里最早请假回家的那个人，可每次过完节，她都像被人刮了一层皮一样绵软无力。因为每次回程，她都答应了七大姑八大姨的种种请求，回来后她要帮着这个亲戚借钱或者给那个亲戚的孩子介绍工作。因为这些要求都是朵言的父母们一口答应的，而她也和他们一样，将承诺当成了习惯。尽管很多应承已经超出了她的能力范围，但她却根本没有拒绝的力量。

案例三

英南算是看上去最没有这些负担的人了。单身的他告诉我，他其实一点也不害怕父母唠叨他的婚姻大事，他只是很气愤父母对他所做的一切视而不见。他努力学习努力工作，他在职场上尽力而为希望能光宗耀祖，但他所做的这一切父母都无感。他沮丧地跟我说："当一个人在城市里已经累到不想动，只盼着回家见到父母时，见面那一刻本该像广告里一样相拥在一起，但母亲只会劈头数落我没有女朋友，活该这么累。这种感觉，比一个人在城市里打拼还要让人感到孤独。"

春节，我们为什么恐惧

春节，在记忆里伴随着热气腾腾的温暖，成了所有中国人忙碌一年的心灵安歇之地。"千难万难，回家过年"。每到临近春节，这句话就像是我们的内在誓言一样，自发启动并激励着我们为了实现这个誓言而努力为之奋斗。可为什么，伴随着这两个字的，还有隐隐的焦虑、不安、担忧，甚至还让人想逃避。

过节拜年已经俨然由亲热的探望替代成年终标签盘点：考上什么大学，去了什么公司，拿了多少工资，谈了什么男朋友等。我们麻木地应承着，交换着似近实远的信息。如此种种，是为了什么？这些真的是在对你表达关心吗？是的，但可悲的是，我们其实很烦这些问题，我们也不知道怎么去关心和我们有着血缘关系的亲戚们。这些话，我们也只能无力地重复着，甚至重复给我们的下一代。

在那些程序化的问候下，掩盖着的是我们的恐惧——除了这些标签他们对我们一无所知，不管是远房的亲戚还是最亲的父母，因为我不懂你，所以我只能说这些话，这是我对你一无所知的恐惧；社会价值取向对每一个家族的影响甚大，婆媳妯娌之间的隐性攀比都显化为各种标签，可以是随意露在衣领外的名牌标签也可以是红包债的直接较量，这是怕被家族亲戚瞧不起的恐惧。

你活了多少年，就过了多少"年"，这样一年年积累下来，家庭竟成为发展自卑的土壤。孩子们从最初过节时父母对别人家孩子的羡慕中听到自己不够好的声音，所以自卑的种子种进了心里，他们暗暗发誓努力争取创造更好的家庭背景。

只是这些经年累月下的恐惧，并不会因为我们长大了而消散。

小安的阿姨婚姻不幸福，但又妒忌自己的姐姐漂亮美貌，妒忌姐夫对姐姐的疼爱。这份妒忌无处投射，她便以各种尖酸刻薄的话语刺小安的痛处，如家里经济贫困、父亲工作普通等。这样若有若无的羞辱伴随着小安的成长，小安父母由于怕失去家族的财务支持而只能一再忍让妹妹对自己孩子的攻击。她的阿姨充满了对自己人生的恐惧，而无辜的小安却在自己阿姨的恐惧笼罩下长大，以至于明明早已到了足以保护自己和家人的年龄，却总被那份恐惧淹没。

朵言家一共有三个姊妹，她排行老二，就是传说中最不受待见的那个孩子。从小她感受到的爱很少，她总是想尽办法去获得父母的注意，她努力学习，也多干家务，二十多年坚持下来，不但考上了大城市里的大学，还里里外外操持着这个家，相当于一家之长。父母的确为这样的女儿感到自豪，但这样的自豪感总是在外人夸赞时转瞬即过,父母的眼里似乎只有苦命的大姐和体弱的弟弟。朵言总觉得在父母的眼里,她的分量很轻,而无论她做什么努力,父母似乎也越来越觉得理所当然,甚至还帮她在亲朋好友那里做了很多的承诺。朵言虽然心里也有委屈,但她看不见自己被父母忽视的恐惧,而将每一次的承诺都当作自己可以赢得父母的爱的机会,一再造成自己的疲惫不堪。

英南的父母们习惯在节日期间比孩子,不管孩子多大了,总是比较成绩、学历、工作、薪水等。英南一路在压力中成长、拼搏和努力,但总离父母想要的理想中的他差了一点。那感觉就像他的人生考卷永远得不到满分。英南没看到他父母对他鸡蛋里挑骨头似的不满背后隐藏的全是父母自己的成长焦虑。他们也许错过了自己成长的最好时机,便将希望更多地寄托在孩子身上,孩子的成就成为他们证明自己的工具。

小安将阿姨的恐惧继承到自己的身上,朵言意识不到自己的过度付出出自对父母不爱她的恐惧,英南的孤独里藏着他父母的生存恐惧。这些深层的恐惧不被看到,只能用这样"有条件的爱"来呈现。"我爱你,不是因为你是谁,而是你拥有了什么。"这种有条件的爱在亲情集中爆发的春节,变得尤其悲哀。

我们都渴望无条件的爱,就是那种"无论你在外怎么样,只要回家过年就好"的全然接纳。但人格不健全的人,与原生家庭没有分化好时,面对无条件的爱,他们的恐慌让自己需要用这种有条件的、标签似的方式来隔离身边人的亲密。我们自己，是不是也很讨厌春节走亲戚时的虚伪客套，但心底也对这样的恐慌而无所适从呢？

于我们而言，如果执着于过节所带来的那些压力，那就是没有把这个剧情看透。既然每个人都在这个本该亲密的日子里躲在粉饰恐惧的话语之后，那不如主动走出那份恐惧。

如何走出恐惧

首先，合理的家庭边界可以由我们自己设置。无论是我们的父母还是我们的亲戚，在他们的成长过程中和人生议题里都有他们自己需要面对的功课，对那些议题负责的人是他们自己，而不是我们。如果因为他们自己的恐惧而侵扰到我们甚至我们的家庭，我们有权利对他们说"不"。别人一再侵犯我们的心理界限也完全是因为我们一次次地容忍和默认。我们可能顾忌对方的面子或者家人的感受，但当忍让换来的是对我们自己的伤害时，就需要我们自己主动设置家庭边界。说"不"也很简单，可以温和而坚定地重复表达，我们要克服的是我们自己的羞愧心而已，但比说更重要的是做，是行为上的重复且一致的坚持。如果自己嘴上说"请你尊重我"但行为上仍然容许对方越界，那不但毫无意义，反而会让你的边界又往后退了一步。

其次，倾听亲人的心声。如果我们的内心仍然停留在以往亲人跟我们说话所造成的恐惧里，那我们也就错过了现在的他们的心声。如果英南一直活在对他父母所投射的"理想自我"的恐惧里，那么，他就听不见父母对他思念的另一种表达。我们很多父母不都是这样吗？用一种埋怨近乎挑剔的口吻来表达他们对我们的思念。英南可以试着放下自己对父母的评判,耐心倾听到父母希望儿子一个人在外能照顾好自己的需求。

再次,引导亲人关怀自己的内心。如果一个人能够教会别人如何设置界限,同时还能倾听对方的心声,那他已经是一个负责的成人了。当然,如果你还能教会你的亲人更多地去与他自己的内心链接,那对方一定会觉得你善解人意、为人成熟。做好这件事的前提并不容易,首先我们要自己和自己的内心去链接,看到自己的恐惧是什么,面对它。如果你的亲戚总是聊些外在的标签,你可以带他回到自己的内心,"你快乐吗?""做到了这些你是不是感觉很满足?"你在一连串的表达中其实在向对方传递:"我关心你这个人比你这些外在更重要!"对方在你的提问中一再回到自己的内心去确认感受,一场拜年的唠嗑下来,你们会感觉心与心的距离拉近了很多。

也许家的确伤过人,这也是我们的心不想回家的原因;但那些都是过去。家,是可以恢复温暖的,是可以让心安住的,这一切的改变,就取决于我们自己的态度。

08
阖家团圆时，我却选择孤独一人

每到中秋，我都会照例会邀请朋友们来我家团聚。大家的父母都在外地，很多人选择将见父母的行程统一安排到春节，于是中秋就变成了跟朋友开心赏月的时刻了。小月每年都准点到来，无论嘱咐多少次，她都客气地带着礼物。作为90后中的杰出人物，从事新媒体行业的她很少跟我们相聚，虽然同在一个城市，但我们基本也就保持一年一两次的见面时间。

席间大家畅聊已经过了3/4年的各种心路历程，各种抱怨不满，也有很多的美好和小确幸，最后大家聊到春节的计划时，所有人几乎不约而同地说道春节要回家看父母，来年再聚。只有小月安静地听完大家的计划后，嘴里轻声说了一句："你们都回家，那我就出国玩吧。"朋友问她为什么不回家，她笑了笑，摇摇头说："我这个年龄，回去就是被逼相亲和催婚的，找骂呢！"于是，席间的话题自然过渡到了父母的各种焦虑上。

宴席结束，小月主动留下来跟我一起收拾饭桌，我想她是有话要跟我说。我在厨房里有一搭没一搭地跟她聊着。

她问我："周姐，你说我是不是心理变态了？"

我："你变态一个我看看？"

小月:"因为我感觉我非常非常思念我的父母,但我又很不想见到他们。这种感觉一直折磨着我,尤其夜深人静的时候,我特别难熬。"

我:"那是有家不能回,因为你怕满腔热情最终会以伤心收场。"

小月点头如捣蒜。

我:"你会把这样的感觉带入所有的关系里吗?觉得跟谁都很难走近?"

小月低下眼帘,陷入了沉思。

家是我们内在的避风港

我们经常会听到一个词叫不安全感,这个看不清说不明白的不安全感到底是哪儿来的呢?著名的心理学家约翰·勃比,在做了很多实验后提出了依恋理论。

依恋,是指个体和长期照料者之间形成的一种特殊的关系,是寻求与某人的亲密,并当其在场时感觉安全的一种心理倾向。我们把依恋叫作内在的避风港或者安全岛,再大的风浪,想起它,我们就会心安。

当小时候我和我的照料者之间的关系越安全时,随着我的成长和长大,这样的安全感也会逐渐在我的成年人的人际世界里得到体现。也就是说,我和我的父母建立的亲密关系或者依恋关系够好的话,长大后我离开了他们,我内在也会有稳定的安全感,而同时在我与他人的相处过程中,也因为这个内在安全感够足,所以我对其他人能比较容易亲近,也比较能适应分开。

当然，有安全依恋，必然有不安全依恋。

不安全型依恋包括回避型、矛盾型和混乱型，即如果父母不能经常让孩子感受到他们与父母的心理联结，也不能给孩子带来安全感，孩子就会形成不安全依恋。

如果父母经常不在家，或者常常拒绝孩子的正当需求，那么孩子就有可能形成回避型依恋。这种依恋表现为，孩子通过回避与父母的亲近，以适应父母的冷漠态度。一个有着矛盾型依恋情结的孩子，在与父母的交流中如果经常有不和谐的感受，觉得父母不可靠，那么他们在企图依赖父母时，心里就会充满焦虑和不确定，因为他们不知道应该期望什么，并且在他们以后的社交经历中持续存在。而混乱型依恋则综合了以上两种不安全型依恋的表现。

无论是哪种类型，从不安全依恋都能够看出，我们如何适应和父母之间的依恋关系，会直接导致我们继续沿用这种适应模式和这个世界互动，从而又会给我们的心理造成负面影响，使旧模式更加稳固。比如，我们中的一些会更加坚定不移地相信，世界是一个冷漠的荒凉之地（回避心理）或者是一个变化无常的、难以托付之地（矛盾心理）。

避风港是什么？就是我在被老板数落，被同事欺侮，与伴侣吵架受委屈时，心里有个角落能让我感觉安全。我们也许会拿起电话拨通，与父母诉说；也许只是听听他们的声音内在就得以平静；甚至我们什么也不做，只是想起他们，就充满了力气，再次鼓起勇气回到战场。

多少人是不敢有避风港的？在孤独和望不到头的深夜里，那个家可能还会带来更大的风雨，想到这里，我们就把孤独独自吞了下去，继续在无边的黑夜里苦苦熬到天亮。

如果我已经有不安全依恋，应该怎么办

其实，不安全依恋也未必全是坏处，至少，当家人不能成为指望和温暖的存在时，我们会更容易独立和坚强。所以，我们首先要懂得善待自己。善待自己的过程就如同给自己内在重新修建避风港的过程。对自己的呵护不是一件容易的事，它需要我们用心学习。

其次，我们要学会带着一点点怕去跟这个世界链接。出于回避和矛盾的心理，我们很容易将他人的冷漠或者言行不一致投射到外在世界。我们也在平时的起心动念中去觉察是不是自己的这个模式又起反应了。

就像开头的小月，她也跟我说其实平时的工作没有那么忙，但对于朋友群里的活动总是没有积极响应，因为她内在总是觉得不敢或者会有隐隐的怕。在小月的成长过程中，母亲的阴晴不定和指责打骂给她带来了很多的童年阴影，所以与她交往时，我也会相应变得小心翼翼。当我把这点反馈给她时，她很震惊，因为她会将那些小心翼翼理解成对她的不够热情。

她那晚喝了很多酒，我一直陪着她，那次聊天到最后，我对她说："也许在成长的路上我们有很多的不容易，我们摇晃着挣扎着，自己慢慢地长大，本应该在成长中全力支持我们的父母，却是让我们感觉最不安全的人，于是，我们选择了宁可一人抗，不去面对，但我们内心对家的温暖的依恋仍然在，毕竟那个家里也曾经有过美好。不过别忘了，我们现在毕竟长大了，我们可以重新选择自己的亲人，也可以重新选择面对亲人的方式。"

09
我们与家的距离,是与压力的距离

我们对春节和家的关联被重复过无数遍,就像已经刻进了我们的基因里。春节就要回家,这似乎成了每个中国人的条件反射。甚至临近春节前,我们的身体也开始了自动化的巴甫洛夫行为,我们开始怀念家乡的菜肴,怀念妈妈的味道,毕竟对于我们中国人来说,舌根上有着最顽固的乡愁。

这种刻进基因里的反应,让我们本能地去抢火车票,早早地订飞机票,早早地向老板请假。但是我们也看到越来越多的人在跟这样的本能反应对抗,越来越多的人选择不回家,哪怕是孤身一人留在城市里。

香莉一个人在上海已经15年了,她从上大学后就离开了家,工作后陆陆续续谈了几个男朋友,但一直也没有遇到合适的人。20多岁时,她还会经常回家看望父母,哪怕要面对爸爸妈妈无尽的催婚的唠叨,但是只要能够吃上妈妈烧的一口饭,她就会觉得非常的满足。

但最近几年情况慢慢地变了,香莉感觉到可能是离家太久了,她和父母之间的感情越来越淡漠了,父母给她打的电话越来越少,少到现在一年只有一两个电话。每次妈妈来电话时,香莉知道是妈妈又缺钱了，或者妈妈想让她帮忙办什么事儿，而且每次一说完事情，妈妈似乎一点都没有想要多问一下香莉生活的意思，急匆匆地就挂断了电话。每次接完这样的电话，香莉都感觉到内心无比的空洞和失落。

随着这几年的成长，香莉回想起自己和父母的互动，她感觉似乎自己能让父母高兴的就是她每次给父母钱的时候。很多个孤独的夜晚，她真的不敢细想，难道自己对父母的意义就在于可以经常给他们钱吗？

上次春节回家已经是三年前的事了，香莉一直在犹豫要不要回家。前两年和她一块出去玩儿的女朋友，今年也成功脱单了，春节要带着男朋友回老家。她在朋友圈里面问了一圈朋友，得到的都是令她失望的答案。

正在她踌躇不定时，香莉的父亲给她打来了电话，父亲让她回家过年，说实话，香莉在听到父亲说这句话时，内心泛起了许多温暖。可自己的心还没有被捂热，父亲就在电话那头又说起了家里盖房子的事，香莉的心再次冰冻起来。

"让我回去，无非就是让我出钱。"当无数次的猜想和怀疑再一次被印证时，香莉的心已经不痛了，她只是麻木地应承着。挂掉电话的时候，她也没有跟父亲明确说到底回不回去。

我们为什么春节不回家

我们经常听到一句话，所有的背井离乡，都是希望有一天能够荣归故里。这句话的背后承载着无数中国人的潜意识。我们每个人都渴望光宗耀祖，因为这个光宗耀祖的背后是让我们的成绩可以被父母看到，可以让父母为我们骄傲。从这点来说，我们每个人是多么热爱我们的父母。

即便是有这样的渴望，但我们更在乎的是，父母不仅关心我们飞得高不高，还能关心我们到底飞得累不累。毕竟在大城市的各种打拼和压力存在着太多不稳定的系数，我们都希望父母给我们的爱是稳定的，这是我们一切安全感的来源。

一个家庭对于一个人的意义在于，如果家庭给了孩子足够的安全感，他就有信心和有力量可以和外在的世界争斗，家庭就相当于是他的避风港和安全堡垒。很大的一部分人有返乡恐惧，并不是他在拒绝家人本身，更多的可能是不想回到原生家庭令人不悦的互动关系里。

回家的距离不是路程的长短，而是家给予一个人的压力的大小。如果一个家庭对孩子是有吸引力的，这个家庭足够开放、敞开，不带任何批判，能让这个孩子心冷时可以回家取暖，那么即使不是假期，这个家也是孩子随时想回去的地方。

但如果一个家对于孩子来说，想到的时候只有压力，包括催婚的压力，还有父母之间的冲突，或者是对孩子各种评判的压力等，那么，即使这个孩子没有离开家，父母和孩子生活在一个房间里，心的距离也是相隔千山万水。

当然比压力更难受的是这个孩子体会不到"自己"的重要性，就像香莉，她的体会是父母只有在有物质需要时才会想起自己。她会觉得：如果评判我，那至少还有一个我存在；但想起我只是因为缺钱，那"我"在你们心里的位置呢?

父母只是以他们的方式思念儿女

香莉做了一个让我欣赏的举动,她在接完父亲的电话后,冷静了两天,然后给她父母发了一条长长的微信,将她内心的感受表达了出来。她孤身在外,非常想得到父母的关心;她不想每次父母打来的电话,都只是匆匆地交代事情;她也不想自己对于父母的价值只是可以提供金钱而已。

香莉非常忐忑,因为她把这个微信发出后的整整一天都没有收到父母的回复。她在漫长的等待过程中也做足了心理准备,她知道对于33岁的自己来说,主动把心里的憋闷说出来要好过压抑自己。

回复令香莉意外。父亲说,其实自己一直非常心疼女儿在外打拼,但是自己和母亲的能力有限,也帮不上什么忙,总觉得要少给女儿添麻烦。所以,他们尽量有事情的时候才会给女儿说,但平时有些小毛病或者思念女儿的话就强忍下来了。而且每次给女儿打电话时,他们都害怕说话不合适会让女儿不高兴,或者担心浪费女儿的电话费,于是只能匆匆地把事情说完就挂掉电话。而且对于父母来说,从年轻到年迈,都在为了物质而挣扎,他们想当然地就会把这一点套用在自己的女儿身上,于是结果就变成了跟女儿聊天时只剩下钱了。

显然,与女儿通话,让女儿回家,也成了父母压力的来源。很多时候,儿女难以想象,在每一次看似冷淡的对话背后,有多少父母的欲言又止。

中国的原生家庭中存在着一种奇怪的共生关系,即为他人而活的我们与为我们而活的他们。我们看到在香莉和他父母的互动关系中,香莉很多年都是为了她的父母在奋斗，从而感觉不到父母的爱；而他的父母所表现出来的对香莉情感的冷漠，也只是因为不想给女儿添麻烦。这样呈现的一种共生关系，就是我们每个人都想为对方好，但我们每个人又都体会不到对方的好。所以，很多时候，我们不是缺少那份情分，只是缺少一份表达。

作为儿女，我们不妨想一想，我们执着地过年不回家，是不是因为我们不知道父母真正的心意，包括他们的需求和担忧。

作为父母，如果你想让自己的孩子回家，如果你真的感到孤单，是否你也可以直接向你的儿女表达心意，让孩子知道，他也是被需要的，而他这个人本身，也是值得被父母关怀和爱的。

我们发明了很多节日，一个接着一个，好给自己一个回家的正当理由。我们不想长久离开家，离开了家就好像内心没有安全的堡垒，家是我们内在安全感的最重要的来源，也是我们文化传承的地方。

我们一次次地踏上回乡的旅程，不仅仅是让自己不要忘了来自何方，更重要的是，我们这只开累了的船需要到那个安全的港湾里去停一停、靠一靠，然后加足油再次安全出发。无论我们行驶到哪里，只要想起家这个温暖的港湾，我们就知道，这个世界有一个地方可以去停靠。这样我们无论面对多大的风暴雾霭都无所畏惧。

回家不应该充满压力，家也不应该是风暴的来源。当我们想起家这个地方时，应充满渴望，热切地想要回去。

这个让人向往的地方，需要家庭中的每个人一起去打造。

10
报喜不报忧，真的是为家人好吗

我接待了这样一个家庭：女儿正在读初二，从小乖巧懂事，但是这半年来由于学业压力过大而导致心情低沉，经常自我否定，甚至有时会出现自伤情节。我第一次看到她时，看见她的左手臂有割伤的痕迹。她的母亲告诉我，她有一天看到自己女儿的手臂上有痕迹时，才知道女儿最近的情绪出现了很大的变化，便硬拖着她来参加家庭治疗。而通过我的询问，我了解到，父母对女儿的情况一无所知。

我问这个14岁的姑娘，我说："你已经承受了这么多痛苦了，还要自杀，你为什么不跟父母说呢？"

这个年轻的姑娘看着我，说："我跟他们说又有什么用呢？说了他们只会比我更着急更担心。"

但是当我深入探究他们家的沟通模式时，我发现其实妈妈也因为女儿的问题承受了很多压力，但她从来不和自己的女儿沟通。其实心里憋了一堆闷气，但又无处解脱。

我对妈妈说："你看，其实你有困难时你也不会跟女儿沟通，那么你怎么能指望女儿有困难时会来找你呢？"

我们看到在这个家庭中，彼此都是互相担心对方的，但同时家人之间并没有机会给对方任何支持。也就是说，他们以为他们保护对方的方式是"我不跟你说我的烦恼和痛苦，就是对你好"，但其实就是因为这样的方式，反而让原来可以相互支持的家人，变得没有机会给彼此更多的支持。其实，当我们不去对关系中的对方表达自己的心里话时，这背后藏着的是我们对这段关系的担心，女儿害怕母亲紧张，母亲又害怕女儿敏感。由此可以看出母女之间的依恋关系其实是很脆弱的，她们都用报喜不报忧的方式来处理这段关系。

案例中这对母女是担心对方不能承担自己的痛苦，才不敢向对方"报忧"，然而比这更残酷的是，我如果向你"报忧"，我可能还要承担更大的痛苦。

我的一位女性朋友在经历婚姻挫折时告诉我，对她来说最痛苦的并不是自己在离婚的过程中对方所展现出来的自私、贪婪和人性的丑恶，那些虽然让她失望，但是最后她都能坦然接受。最让她心痛的是，她的父母在整个过程中给了她很多指责、批评和怀疑。在那个过程中，父母对她说的话让她感觉像真正坠入了地狱。

一向要强的她跟我说："很多时候，当我们感到失败和望不到头时，身后是没有那个温暖的港湾的。家并不是我们的退路，有时还给我们带来更大的压力。在身后没有灯火时，自己才是自己唯一的出路。"

什么样的家庭让我们学会报喜不报忧

我接待的这个家庭，女儿小时父母之间的关系就比较紧张，但他们仍然在女儿面前尽力表现出和睦和恩爱。有很长的一段时间，父亲一直在外地工作，女儿和自己的母亲一直生活在两个人的世界里。女儿记得有很多个夜晚，母亲都一个人在台灯下落泪。她记得在自己很小的时候会问自己的母亲为什么不开心，但每次母亲都把这个问题给转移掉，转而去询问女儿的功课怎么样，最近的学习成绩如何。

在女儿的世界里，她感觉到妈妈谈论自己的不开心是妈妈承受不住的话题，好像如果她逼问下去，妈妈只会越来越紧张和不安。而每当她去谈论自己进步的成绩时，妈妈阴云密布的脸才会展现笑颜。慢慢地，女儿懂得怎么去跟妈妈交流才能让妈妈开心。而当自己遇到挫折并感到痛苦时，她也学会了妈妈的方式，不对妈妈表达，因为在她的认知里，妈妈承担不了那些糟糕的情绪。

所以，从小目睹父母不容易的人，更容易去回避情感。在心理学家约翰·鲍比提出的依恋理论中指出，如果一个孩子在小的时候经常面对一个情绪不稳定的妈妈，也许对他来说，感受到的外在世界就是不安全的。在这样养育下成长的孩子，容易出现不安全依恋。而很多不安全依恋的孩子的表现就是阻断感情，逃避、压抑感受，呈现出回避型依恋的模式。

如果夫妻感情疏离，直接影响了母亲的情绪，那么妈妈的情绪就难免会让自己的孩子感受到。当一个妈妈明显痛苦却又不对孩子表达时，她的情绪是不可能不被孩子读出来的。与此同时，当孩子想了解母亲痛苦的原因被拒绝了，久而久之，孩子就不奢求得到母亲的回应了。而懂事的孩子渐渐知道自己的妈妈爱自己的方式就是不让自己知道她那些痛苦的事，孩子因为心疼父母，就再也不敢表达自己的痛苦了。

于是，父母和孩子似乎默认了某种规则：出于爱，我必须不对你表达我的痛苦。

习惯了报喜不报忧的你，现在要怎么做

其实我们每个人都不是单独的个体，当我们在外拼搏奋斗时，我们的父母永远是我们最强大的精神支柱。但当我们和父母都习惯了报喜不报忧的方式后，其实隐含的一个假设就是我的痛苦你接不住，你让我不放心。在这样的问题面前，我们到底应该怎么做呢？

我觉得第一点，就是要改变我们从小养成的依恋模式。当你连对你的父母都回避谈论情感时，可能这样的模式已经影响到你的亲密关系了。你可能在生活中就像铁人一样的存在，从来没有办法让别人看到你也是那个需要被帮助的人。而在这样的境遇下，我们又会觉得自己是可怜又无助的。所以，学会体会自己的感受，学会表达脆弱，让别人有希望来帮助自己，永远是最重要的。你可以先找朋友练手。

接下来，你可以尝试向自己的父母表达情感。带着一点点的试探，向你的父母表达那些在你的评估范围内他们能够接得住的负面情绪。你可以告诉他们："我最近挺忙的，工作上也有一些压力。"而先不要告诉他们其实你已经失业三个月了。当你觉得父母的回应是他们能够接得住时，你再慢慢地跟他们说可能你最近工作上遇到了一些麻烦，人生到了该调整的瓶颈期了。

我们要勇敢地向父母坦诚，我们的人生也有很多不好的时候，也许一开始父母会表现出一点点焦虑和紧张，甚至反过来指责你没把自己的日子过好。在这个过程中，你需要坚定自己的立场，不但告诉他

们你的不容易，也告诉他们你的努力。其实这样会给那些回避谈论感受的父母做出很好的示范，让他们以后在遇到生活上的痛苦时，可能也会敞开心扉向你诉说，而一旦有这样的机会，你的接纳和稳定的态度，能让他们体会到家人之间表达痛苦是被允许的，而且能让他们体会到被滋养的感觉。

我们扪心自问，报喜不报忧就真的是爱对方的表现吗？或许报喜不报忧只是在表达：我不相信你可以接得住我内在的脆弱，我不信任你可以接得住我的痛苦和无助。其实，这些都是在表达彼此关系的不牢固。换句俗话说就是：其实我们一点也不亲。

我们每个人的原生家庭，应该是我们心中的避风港。无论我们在外承受多大的风雨，经历多大的压力时，我们都希望可以回到这个地方，回到自己的家里，跟我们的家人去沟通，也希望能够得到他们的理解和支持。

家是我们的安全基地，也应该是我们的疗伤基地。只有将我们最深的脆弱在这个避风港里不断地呈现，才能有机会让我们的家人支持和理解我们，也才能让自己在伤口愈合后，再次整理行囊，勇敢上路。

11
美好生活在孝道和分化之间厮杀

这两年反映原生家庭问题的现实题材电视剧越来越多,我之前看过一部,给我留下了深刻的印象。女主角在自己的丈夫过世后与父亲在一起住,被父亲高度关心并关注着:上下班需要汇报行踪、被跟踪监视与什么样的人交往、被父亲在身边安插眼线。虽然根据剧情设计,其父亲是老公安出身,且因为担心女儿刚失去丈夫的过度悲伤才会如此作为,但在老爷子和女儿的对手戏出现时,会经常引发我们家的一阵小讨论。我家人会经常感叹:"这老爷子管得也太多了!"我则紧接着说一句:"真是可怜天下父母心啊。"我想,我们这样的对话也像极了女主的内心世界:一方面,很想保有自己的私人情感空间,另一方面,也因为感到父亲是出于爱从而对其种种超格的做法妥协忍耐。

在独立和孝顺之间挣扎的还有她的女同事。父母离异,使她很想离开家自己居住,但一向在优渥的条件下长大的她在母亲的牵扯下又回到了市中心的豪宅居住,其独立宣言在每个月给她妈交一千元的房租下显得苍白无力。

相比女主演,男主角可能算是中国家庭环境下自我分化程度最合适的了。虽然他也被母亲高度关注与嘘寒问暖,但他仍能在懂得体谅老人爱子的心情基础上,坚持独立居住和不让母亲过度侵入自己的感情生活。

艺术化的呈现并不夸张,一些中国式父母对尊重孩子自有空间的概念是非常模糊的,使得子女在想要独立这条路上步履维艰,甚至从来都没有考虑过要走上这条路。在实际咨询中,往往会遇到比电视剧更精彩的剧情,比如,一个电视剧中女主似的人物在父母家被管教长大,后嫁给了一个无比孝顺不愿意与母亲分离的儿子,从而由一个被控制的女儿顺利地成为一个需要取悦婆婆而被控制的媳妇。

自我分化对人格成长的重要性

从发展心理学的角度来说,自进入青春期后,孩子就会需要越来越多自己的空间,这样才能顺利发展必要的自信与能力。如果这时父母不给予他们空间,孩子就会以叛逆的形式去索要空间,这是符合人性的自然规律,否则一个个新家庭如何组建?人类怎么能代代相传?

一个成功实现自我分化的人既能够区分自身的理性与情感的能力,也具有与他人正常情感联结的能力。落地点来说就是:自己能打理自己的生活;能够允许自己与父母有不同的看法;情绪上不受父母影响;不愿受父母的情感绑架;不会和父母起冲突,不去承担属于父母的责任。而一个人如果没有顺利地进行成功的分化,就会经常困惑自己想要什么,有时即便有一闪而过的想法或者信念,也极其容易受到别人的影响,很难坚持自我。就像电视剧《美好生活》中的梁晓慧,她到底是喜欢徐天还是喜欢在徐天身体里的前夫的心脏,或者她到底喜不喜欢徐天,看到二十多集,总觉得她自己也没搞明白。

自我分化并不是孩子的单一发展需要，父母的自我分化程度直接决定了孩子能否顺利完成这个阶段的任务。当父母的自我分化程度较高时，就能协助子女发展较高的自我分化能力，使子女能够有效调节情绪，对亲密关系互动有较好的掌控；而当父母的自我分化程度较低时，加上中国家庭家长权威身份的存在，父母便常常以爱之名控制孩子的生活，破坏子女学习自我分化的能力。

中国传统孝道对自我分化的束缚

在中国的家庭里，一个孩子从青春期开始到独立出自己的物理和情感空间，其实是一个特别难的过程。因为压在每个中国人心头的"孝顺"二字往往意味着亲子之间要相互依靠、互相纠缠，但自我独立又是人性本能，所以每一个孩子甚至成年人就一直在孝顺和分化之间来回牵扯。

虽然自我分化是 20 世纪 60 年代西方心理学的研究成果，但中国的父母和西方的父母在管教子女的问题上面临的问题并没有太大差异。如果一个青春期的孩子晚归了，美国的父母也会教训孩子，可能会说："这个家是我在付账单，你的学费也是我付的，只要你还住在这里，就要听我的。"中国的父母压根不需要说话去主张自己的立场，他们只要面无表情地坐在熄灯的客厅里，当子女半夜鬼鬼祟祟回家时，看到父母的黑脸，就会立刻充满恐惧和愧疚地溜进房间。由不孝引发的愧疚感，是中国父母管教孩子最有用的武器。

"孝"包含中国人亲子间一种特殊情感，而"顺"则期待子女顺从父母管教，特别是当彼此意见不一致时。在这样的规则下，父母容易说教，子女则常常觉得自己没有表达的空间，说了也没用，讲了只会吵起来，或是受到自我内化的孝道规范抑制，沉默以对，从而进入阳奉阴违或逆来顺受模式，就像电视剧中女主梁晓慧一样。

如果要顺，怎么可能独立呢？但不独立，就永远像个寄生虫一样无法自立。在生活中，我看过太多抱怨父母不给自己空间的年轻人，另一边还享受着父母在衣食住行上的伺候。

在孝道和自我分化之间平衡

中国文化从来都是提倡团聚不鼓励分离的，中国子女在其分离的过程中，因这种鼓励联结的亲子关系文化，在情绪上容易产生背叛、不孝等罪恶感、焦虑感，导致在这个过程中有很多挣扎。这与西方人单纯地在分离中冲突独立的单因素内涵不一样，所以让分离"硬着陆"的方法不适合中国国情。

那么，一个成年人在自我分化过程中，想要既不让父母心寒又能成功分离，应该怎么做呢？

首先，在情感和物质上对父母要一以贯之甚至更为殷勤。不能因为意识到父母对自己的过度控制是个问题以后，就突然180度反转，那就容易走到"不孝"的极端。其实在那样的状态下，即使你成功分离了，心里也并不会真正好受。

其次，在个人情感和物理空间上保持独立。由于有了第一步的基础，父母首先从情感上并没有觉得你远离他们，当你慢慢地提出搬出去住或者在他们对你隐私的好奇探究而发生争论时，也并不会让他们将事件放大到"不孝"的地步。

再次，任何事情都要以良好的沟通为前提。在中国家庭里，对心与心的沟通是非常不重视的，似乎只有"我为你做了什么"才是"我爱你"的体现，但做的那些事往往都是以自己猜测对方的需要为前提，很可能会加深误会和隔阂。

人性的本质都是渴望链接，寻求归属，期盼被接受，但人们也不想因此失去自我，因为这份链接对于中国人来说又是重中之重。我们在追求个人成长的过程中，如果脱离了中国文化，我们的成长也将不完满这件事做得半生不熟。

你中有我，我中有你，同时你是你，我是我。我想，这大概才是中国人亲子关系最好的模样。

第二章 如何给孩子一个完美的原生家庭

01
孩子只不过是你婚姻问题的替罪羊

一对父母把青春期的女儿送来做咨询,因为她经常与母亲发生冲突,并且多次离家出走彻夜不归。女儿和母亲在第一次咨询时就爆发了争吵。女儿控诉说自己在家中没有属于自己的空间,母亲总是闯入她的房间,而且总是因为房间整洁问题批评她,母亲的精力好像总是过度地投注到女儿身上,对女儿挑剔指责。而这个家庭中的父亲则显得尤为冷静,仿佛这种母女间的战争与他无关,只是一味地站在母亲的立场上苍白无力地表达对女儿种种叛逆行为的担忧。

一个叛逆期的孩子,一个为孩子操心无力的母亲,一个冷静理性的父亲。以上场景是一本心理治疗书里的典型个案,却是我们现今社会很多家庭的现状。个案中,在经历了几个回合的对话后,真正的问题显露了出来。

由于父母都在咨询师面前大谈特谈为人父母辛苦的一面,让咨询师注意到他们过度沉寂在自己的角色里,凡被要求谈论自己的感受时却都避而不谈,并且当咨询师很自然地提到父母之间彼此的关系时,两个人在稍微紧张后又将话题扯回到了女儿身上。显然父母很怕触及自己婚姻的真相,因而青春期女儿的种种成长现象就很自然地遮盖住了这个真相。这样父母之间就很默契地把注意力都集中在了女儿身上,而不用去面对自己的痛苦。

婚姻中真正痛苦的是什么呢?在婚姻开始时,夫妻二人共同协作相互依赖,但好景不长,最初的热烈被错综复杂的现实消磨。在两个人的磨合战争中,彼此慢慢重复各自在原生家庭习得的模式,于是争吵升级,渐行渐远。信任散退,两个人由于惧怕亲密而互相退却,大家都找到了各自情感的替代品:父亲忙于工作,而母亲过度关心孩子和孩子的外婆。也就是说,作为家庭支柱的父母,彼此之间的感情已经疏离了。

经过几次治疗后发现,只是针对母亲和女儿的问题进行处理,女儿的问题的确会得到缓解,但女儿曾经的症状又出现在了她弟弟的身上。这个家的问题就像野草一样,好像总会从家里任何一个孩子身上长出来。其实,亿万家庭都是一样的。从根本上来看,孩子的问题只是夫妻婚姻问题的替罪羊。

曾经,我也以为中国的家庭现象是具有中国特色的,但随着了解的深入,我发现其实无论在哪个国家,从人性本质上来说,并无太大差异。每个家庭中的问题都是经过长期的积累而形成的,但家庭成员在潜意识里是需要改善这些问题的。于是,总是需要某个人来充当"病人"的角色,这个病人就成了家庭问题的替罪羊,就像前面例子中的孩子就充当着家庭的"病人"。与此同时,由于病人"意识到"自己的病可能在某种程度上会缓和家庭的问题甚至避免整个家庭走向死亡,这个病人也会"配合"家庭其他成员参加这样的演出。这样的例子在我们身边比比皆是。比如,在一个家里,孩子身体经常生小毛病，孩子很有可能是在用"得病"这样的方式引起父母双方共同的注意，因为只有在他生病的时候，家里才会有温暖的感觉存在；一个过了儿童期的孩子可能无论如何也不愿意与母亲分床，因为他想用自己这种不懂事的方式去温暖没有父亲疼爱的母亲。

这是家庭中常见的现象：当婚姻中出现问题时，创造一个三角关系就是常见的处理方式。当家里面某两个人的关系出现紧张时，其中一方或双方就会把注意力投向第三者，第三者则会"自动"参与到前两者的问题中来缓解两人间的压力和紧张。这就是家庭治疗大师莫瑞·鲍恩（Murray Bowen）所提出的家庭三角关系(Family Triangulation)，即通过第三者的介入而转移两个人之间的冲突。

产生于压力情境下的三角关系，其初始动力源于缓解两个人的关系紧张，所以三角内本身就充满了张力。一个对丈夫不满的妻子可能会把更多的时间花在孩子身上，或者可能开始向孩子抱怨丈夫。由于孩子对其中一个人的焦虑或者对两个人的冲突比较敏感，出于拯救家庭的愿望，他就会把自己投入这个两人关系中，因此形成一个三角关系。他试图去提供安慰、建议，以此来降低冲突。当父母不能解决两个人之间的问题或沟通不良时，他们可能把关注点从自身转移到孩子身上，关注孩子的消极面或者产生亲子冲突，这又会强化孩子的某些不良行为。但只有这样做，父母才能从自身婚姻系统的紧张状态中成功将能量转移出去，如此孩子就成了家庭问题的"替罪羊"——为了避免父母的婚姻冲突，孩子的幸福被牺牲掉了。

在"男主外，女主内"的传统观念下，工作占去父亲们的大部分精力，影响到他们对妻子和孩子的情感投入。孩子的母亲则因为丈夫的疏远而把注意力更多地放在孩子身上，这样一来就可以缓解丈夫对她的关注不够而带来的压力。但这也更容易让孩子产生依赖，而缺少独立性，这在当下中国层出不穷的"妈宝男"身上都可以见到。同时，母亲和孩子的联结越强，父亲和家庭就越疏离。父亲如果感觉到的不是家庭中妻子和孩子对他的重视和需要，而是被排斥和被拒绝，他就有可能做出离开这个家庭的选择，从而导致出现婚外情或者家庭破裂。

有时我们会感觉是家庭中的女性太强势，霸占着孩子，从而把父亲推远。比如，母亲经常打断父亲说话，对父亲的观点加以否定，在与孩子谈话时，在语言中以"他"来指称孩子的父亲，仿佛父亲就是这个家庭中不存在或不重要的人。这样的家庭里，往往孩子对父亲也不尊重。但家庭中的每一种动力都是在互动中形成的，这些女性焦虑的外表下是内心缺少爱、需要爱的人，她们因丈夫的爱而不得，或者是丈夫不能满足她们的期待，所以便把失落的心完全投注到了孩子身上，孩子成了她们生活中唯一的精神支柱。而由于情感的压抑、不当的教育理念、家庭内的不良沟通和应对方式，妨碍了她们恰当地表达自己的需要和争取丈夫的支持，自然也不能给孩子提供一个健康的生存空间。而她们的丈夫通常也由于自己无力处理与妻子情感中的问题而不懂得如何去支持妻子，更由于内心的混乱而不懂得如何去缓解妻子的压力，而索性顺水推舟当起了甩手掌柜。在一些多子女的家庭中，当孩子间发生冲突时，父母会很巧妙地支持某一个孩子而对抗另一个孩子，也就是利用了孩子作为冲突的直接体现，而避免彼此直接面对冲突。更有趣的是，父母之间这样的行为模式也是受到了他们自己原生家庭父母的影响,甚至是完完全全的复制。

所以,家庭中的问题,真的是每一个人都有份!

既然我们知道问题的根源并不在孩子身上,其本质是婚姻的问题,而我们如果花时间去埋怨自己的父母没给自己树立一个好的榜样也是浪费时间,那我们现在究竟应该怎么做呢?我建议,如果你身处这样的境地,或者家庭里有这样的苗头,你可以进行一些家庭自我保养,其主要包括以下几个方面。

(1)给你的家庭成员每个人进行一次"速描"。比如,你是一个什么样的人,你在家庭中与对方的互动是什么行为模式,在家庭中扮演什么样的角色。同样,你的另一半和孩子又如何。这样的速描要客观、细致而具体,要脱离情绪化对自己的影响,以第三人的视角作分析。

(2)找到你们家庭成员间为了维护家庭而形成的共同理念。比如,由第1点梳理出来的互动行为中,可以看出你们家庭成员间可能默认了某种信念,如是过度牺牲才能维护家庭的完整,还是彼此依赖不能有个人空间才是家庭完整的表现。然后去考量一下这个理念是否合理和适用,有必要的话可以和你的伴侣一起挖掘。

(3)探索一下你和你的另一半彼此的原生家庭对自己的影响。比如,你们的父母之间表达爱的方式以及在冲突产生时的处理方式是如何影响你们俩在婚姻中的处理方式的。这样有助于你们彼此能够更好地明白对方是如何长成了今天这个样子。因为懂得,所以慈悲,你可能会由此发现一个你未曾了解的另一半。

(4)学习新的沟通方式。夫妻之间的良好沟通才是家庭稳定的基础，每个人都可以充分表达自己的想法，允许每个人都有表达的机会，包括那个一直以来表达较少的家庭成员。这样就可能最大限度地减少误解，减少相互的负面影响。两个人可以重新定义沟通的方式和改进的方面，细小到彼此的称谓，禁止用第三人称"他/她"指代。

（5）夫妻共同约定不将彼此之间的问题转嫁到孩子身上。在家庭中，婚姻系统是优于亲子系统的，父母尤其要注意不要向在家庭中处于弱势的孩子抱怨对方，也不要让孩子来传达父母之间的负面意见。这对于孩子来说是压力，也会让孩子因担忧失去另一方家长的爱而左右为难。

家庭中的孩子如果出了问题，那么并非全是孩子的问题，只是孩子与父母之间互相配合共同制造了孩子的问题，这是有彼此循环效应的。父母既是狱卒，也是囚徒——而孩子既是囚徒，也是狱卒。问题在本质上往往出在父母之间本身的沟通和关系处理上。作为父母，如果你们够勇敢，就请诚实地面对彼此婚姻中的恐惧，不要再拿孩子的"问题"来当彼此关系的挡箭牌。

02
孩子的营养究竟来自哪里

我想对于我来说,可能终生都不会忘记曾经在某家日料店里遇到的那对母女。

那天傍晚,在我们俩惬意地品尝眼前的美味时,我眼角的余光注意到一对母女在相隔几张桌子处落座。妈妈大概30岁出头,细瘦的身材,面色暗黄,眼神涣散,烫了一头与她身材不相称的卷发;女儿大概10岁,看上去已经有点臃肿了,侧面望过去,除了脸颊的肉以外,几乎看不到她的鼻子和嘴。当然,吸引我注意的并不仅仅是这些。

落座后,妈妈对着菜单点了一通,女儿只是一言不发地坐着。菜上齐后,女儿就开始闷头吃饭,妈妈则把位置调整到女儿的侧面,自己可有可无地吃几口,两眼一直关注着女儿有没有把眼前的几样菜都吃到。接下来,我渐渐听到妈妈对着女儿提高嗓门,从一开始数落她怎么吃饭掉米,到教训她不认真学习。

在我还没来得及皱眉时,就听见女儿一声"呕"将自己吃进去的饭菜又吐到了盘子里。这一刻,我的鸡皮疙瘩都竖了起来,饭店老板抢在我前面走到了她们母女面前,一边收拾女儿面前的"残局",一边劝着她的妈妈。妈妈显然由于外人的介入渐渐平静了下来,但还在不断地劝女儿多吃点饭。

"她明显吃不下了,你还是不要再劝她吃了!"饭店老板也开始着急了。

"不行的呀!你看她考试这么差,营养一定要保证的呀!"

"我以前同事的儿子就是因为挑食,现在头大身体小,上课都没精力了。"

"我现在都已经不上班了,天天这样盯着她,她还是这样虚胖,营养要均衡的呀!"

妈妈回答得理直气壮。

我已经不记得这对母女最后是如何结束那顿饭的,那家饭店我再也没去过。我不想再去猜测这对母女的家庭情况、相处模式、女儿在学校的种种际遇,或者再去分析她的成长路径。其实,给我留下印象最深的,是妈妈的这句话:"营养一定要保证的呀!"

对一个孩子来说,她的成长所需要的营养究竟是什么呢?现在的孩子吃得太多、太好,导致消化不良,在物质层面显然父母已经给得太多太多了。在谈到孩子的营养时,为人父母还惯性地为其考虑吃什么不吃什么,或者吃什么保健品,甚至吃什么药。我们不仅给了孩子过多的物质,也给了他们过度聒噪的精神环境。从这一点上来说,给的过多的都是"垃圾"而根本不是"营养",但真正的营养我们却没有给。

我们都已经知道,对孩子的成长来说,"陪伴"的重要性,但究竟怎样的"陪伴"才是正确的?是我坐在你身边和你一起吃饭聊天,陪你写作业，就够了吗？一般我们所接受到的心理学教育就是两个人在一起要交流，这样就够了吗？当然不行。"有效的陪伴"需要建立在父母精神能量充足的情况下。

为什么父母精神充足对孩子这么重要

成人是意识主导的，孩子是心灵主导的。父母也好，老师也好，小伙伴也好，如果孩子周围的这些人心不在他这里，即使天天在一起，他的内心也得不到真正的满足，内心会充满匮乏感。这种匮乏感会表现在方方面面，比如体质不良、容易感冒；怕黑、不愿意一个人睡觉；非常依赖妈妈，害怕周围的环境等。这些现代医学的症状或者心理学的症状最终的原因是能量的缺失。这个能量来自哪里呢？如果将储存的能量比作电池，那么所有父母都需要先检查一下自己在跟孩子相处时是不是只剩下了一格电，是不是上班时已经把电给耗光了，回到家即使和孩子待在一起，但也已经没有电量了？

当一个孩子感受不到父母的电量时，孩子会非常敏感地知道自己的爸爸妈妈和"我"在一起时，是否是真的"在一起"。如果他体验不到你真正的"在"，如果你陪着他却在刷手机，或者你没有刷手机但明显心不在焉，又或者你也在关注着他但就是有掩不住的疲劳，那他内心就会产生不被爱的感觉。在爱的长期匮乏下，他就只能用身体来提醒你，让你去注意他：不是瘦了就是胖了，要不就是病了。

我们现代人非常注重"营养均衡"，但与孩子相处，应该给予他怎样的精神营养呢？一个生命的健康成长，除了饮食的营养、干净的空气、健康的环境等，还需要一个重要的因素，就是与父母精神的联结。越小的孩子，在个人意识还没有成形前，他们跟父母的关系、联结就越强。所以，父母的精力越充沛，孩子感受到的能量就越强，也越利于他的成长。但问题是，很多父母无法感受到自己"电力不足"了。所以，对于父母而言，他们不仅需要自己在陪伴的过程中精力满满，而且也需要有丰富的感受力可以感受到他们自己是否"电力满满"。当然，这可能在说同一件事，因为只有精力满满的人才会有感受，只有通过感受与这个世界交流时，他才可能有生命力。

为什么感受力对于人来说如此重要

当一件事情出现时，我们每个人的第一反应和决定往往是最佳方案。当我们精力不够时，就像电脑内存不够、程序混乱，有很多垃圾文件，电压也不够稳定，遇到事情你处理不了，需要慢慢分析，这就是第二等的答案，这是思考；翻百科全书、上网搜索各家观点，这是第三等的答案；大家坐在一起进行头脑风暴，这是第四等的答案。我们每天都在找答案，任何时候都面临着选择，作决定。从中午吃盖浇饭还是牛肉面，从是选择这个男人还是再等下一个，从琐事到大事，看似不同，但这背后的力量其实是一样的。

这个力量的基础就是敏锐的感受力。

现在我们明白了父母的精力充沛对孩子成长的重要性，而敏锐的感受力又可以很好地支持精力充沛。

父母究竟如何做才能给自己充电，继而给孩子充足的精神电能呢

第一，选择自己处于"对的"能量场。感受力强的人应该会辨析到，有时我们的思想、欲望、情绪甚至感受不一定是我们自己的。因为我们处在一个共有的环境中，当你莫名其妙地生气时，不一定是你在生气，也可能是你周围的环境、人传递过来的，我们只是把它抓住了，以为是自己的，然后启动自己的模式程序开始应对。

因为我们是用意识处理问题的，而意识无法觉察到外界传来的那部分信息，它只是简单地把它收下，然后认定是自己的，所以，我们先得让自己的内心能够觉察到，才能让自己安静下来，也就是澄清一下自己。然后我们就可以辨识出这个愤怒不是我自己的，这个欲望也不是我自己的，我只是被卷了进去而已。这就有点像无线上网，病毒会通过网络自动被你下载到自己的电脑上，如果你没有安装防毒软件，当然就中招了。我们为人父母者，更要每天检查带了多少病毒回家传染给了自己的孩子。

生活中的每一个片段、每一件事情对我们的身心和思想都有影响，但我们对这些事的反应是可以由自己决定的，有效地辨识出非自己的情绪并将其隔离就像是给自己安装了防毒软件。

第二，培养自己的觉察力。培养觉察力的方法很多，运用到生活中最普通的方法其实就是每天静坐，短短 10 分钟就可以。静坐时如果有念头浮现，也不必刻意干扰它，任其自然来去；或者站在大自然的环境中，将眼神逐渐从眼前的花草向远方望去，随着视野的扩散，慢慢找到相对放松、安静、清晰自然的状态。如果每天能留意一下自己，就能够把散乱在外的能量收回。像家里的东西需要归位一样，精神也同样需要归位。而觉察力，就在这一次次归位中变得敏锐了，你自然就能觉察出属于自己和不属于自己的情绪，也自然能觉察出自己的精神是否充沛。

第三，多多练习身体接触。中国人是普遍抗压的，但持续的压力会使人变得麻木，而生命中的任何一个层次被压住，都会产生一些多余的能量，以致我们爱就太爱，恨就太恨，学了精神分析就觉得所有的问题都来自原生家庭。当我们每天都在坚持中咬牙切齿地较劲时，身体也很容易生病。这样的人，如果别人想要拥抱他，他自然就会拒绝或逃避。如果这个"别人"是成人，那别人会以为他不需要拥抱；如果这个"别人"是孩子，那孩子就会体验到不被爱。

一个人如果能多和自己的身体感受链接，那自然最好；如果已经处于麻木的状态，那可以先从练习身体接触开始，慢慢将感受找回来。最直接的方式就是多去主动地拥抱家人、拥抱自己的孩子。

第四，示弱可以有效地帮助孩子成长。生活的压力让很多女性变得越来越"硬"，这个硬的确很好地支撑了生活，但也因为"硬"让一些本就可以滋养自己的东西流走了。我们总是认为自己已经很好了，但实际上我们把那些"硬"放掉可能会更好。如果你把自己放低一点，也就是示弱，自然会有很多人想要去帮助你、滋养你。这些可以滋养我们的东西也许真的不需要自己多努力或花多少钱，只需要接受就行了。

尤其对于母亲来说，当你柔弱下来时，你孩子的问题就会同步转化。你原来可能会想，我不能弱，我需要"硬"才能照顾孩子，但当你弱下来时,你的孩子可能才会强大起来。

孩子因为长期在你精力充沛的陪伴下得到足够爱的滋养,他也有勇气去真实地表达他的想法和感受。当他把这些东西真实自然地表达出来后,就会与周围的人更好地联结,他自己的能量就能流动起来。这样不但可以使他身体健康无忧,更重要的是他有精力去面对外在的世界。所谓的能量、情感、身体,其实只是同一个东西在不同层面的显现而已。

所以,作为父母,我们能做的就是为孩子提供一个健康的环境,而这又取决于我们自己的状态。如果你不是被精神饱满的父母滋养起来的孩子,那为了自己的孩子,就从现在开始练习吧。

03
你以为孩子在怕黑，可能他只是怕你不幸福

在我的来访者中，有这样一个家庭，令我印象深刻。40岁出头的母亲带着自己的孩子来见我，男孩只有七八岁的样子，小心翼翼地依偎在妈妈的身边。孩子的妈妈告诉我，孩子应该是患上了恐惧症。我问她，怎么理解这个恐惧症？她说，因为孩子特别怕黑，一到晚上天黑了，他就不敢一个人睡，以至于都七八岁了，还要经常钻进她的被窝跟她一起睡，结果是爸爸只能睡书房。因为已经在学习心理学，所以她知道夫妻长期分床很不好，但是她又不知道该如何让孩子跟自己分开睡。所以她非常想从我这里得到帮助，去治疗孩子这种对黑夜的恐惧。

我跟这对母子深入访谈后发现，妈妈完全不懂自己的孩子。

我在问话的过程中发现，妈妈说任何话，孩子都会小心翼翼地看自己的母亲，眼神中有期待，也有一丝说不清的担忧。当我问孩子，你怕不怕黑呢？孩子沉思了一下，告诉我，他不怕黑。这个结果让妈妈感到很意外。妈妈立即追问："那你为什么跟妈妈说你害怕一个人睡呢？"孩子听到后低下了头。

我轻声地对孩子说："我刚看见妈妈在跟阿姨聊天时，你一直盯着妈妈看，好像很小心，也好像很担心妈妈的样子。不知道阿姨猜得对不对？"

孩子点了点头。

我继续问："那你是从什么时候开始这样小心翼翼的呢？"

孩子歪了歪头说："最近半年吧。"

我再问："那你最近半年有什么不开心的事吗？"

孩子说："我也不知道，但我开心不起来，然后睡在床上会有些害怕。"

之前，妈妈在说时，孩子表现得特别紧张。当孩子在说这些话时，我注意到妈妈也特别紧张害怕，两眼紧紧地盯着孩子。我感觉这对母子的紧张害怕和恐惧紧紧地连接在一起。

这时，我大胆地问了一句："我看到，好像妈妈轻松时你也轻松，妈妈紧张时你也紧张，你是不是看到妈妈紧张你就会不开心呢？"

孩子说了一段令妈妈非常吃惊的话："我觉得妈妈很孤独，我感觉爸爸不知道怎么去关心妈妈，每当我看到妈妈皱着眉头时，我也不知道怎么办，然后我就睡不着了。那样的时候，我就只能和妈妈一个被窝才能睡得着。"

妈妈恍然大悟的表情告诉我，她从来没想到儿子会这么担心她，她原来只是以为孩子是胆子小，所以不敢自己睡觉而已。而且一直以来，她也认为孩子分不了床是夫妻感情不好的原因。

人格的地基取决于三岁前的安全感，安全感取决于父母关系的稳定

英国心理学家约翰·博比对第二次世界大战后受过创伤的孩子做了心理研究，那些早年与母亲发生分离的孩子，在人际关系的互动中

会有更多的回避和矛盾，属于不安全依恋型。玛丽·梅恩在此基础上做了成人依恋实验。研究发现，如果父母是安全型依恋的类型，他们给孩子的感觉是安全的，孩子就是安全依恋型；如果父母是回避或者矛盾型，他们早年没有被稳定地对待，成年后就会在自己的婚姻里创造出不安全型的环境，这种不安全就像模板刻进孩子的内心。

不安全型依恋的孩子在成人后，想靠近亲密关系但又难以靠近，或者干脆回避亲密，采取自给自足的态度与人切断联结。有的人在亲密关系中，会不停地检查手机、不停地打电话给伴侣，伴侣稍有点情况，他就会怀疑对方是在外面有人了。也有的人当彼此关系近了以后，会担心被抛弃，他非常渴望关系但又害怕被伤害。

也就是说，孩子在一个没有安全感的环境下长大，对自己值不值得爱是没有信心的，也对别人是否值得信赖没有信心。所以，在亲密关系里，如果感觉到没有安全感，他就会用愤怒、攻击或自虐的方式来表达需求。

由此可见，孩子的安全感取决于孩子三岁前是否能从母亲这里得到足够的陪伴和接纳，只有足够的爱才能打好孩子的人格地基，一个安全感充足的孩子长大后才有能力去面对风雨。但孩子的安全感不只取决于父母对他好不好，或者孩子的心理发展得如何，往往父母的焦虑和不安全感会直接影响孩子安全感的形成。

一位家庭治疗界的泰斗说过：对于孩子来说，最可怕的不是看到父母批评他们，而是看到父母不合。这就像孩子自己脚底下的地板裂开一样。

重视婚姻问题,不让孩子的症状成为家庭问题的晴雨表

孩子的症状往往能反映家庭问题。如果你想要孩子健康快乐,就要首先给孩子营造出健康的家庭环境,而在这个环境里,首当其冲的就是你们的夫妻关系。

在给开篇提到的那个家庭做第二次治疗时,孩子的父亲也到了治疗室。当父母在讨论孩子的问题时,即便父亲会偶尔批评他,孩子的表现也很平静。但在谈论到父亲和母亲的问题时,我注意到孩子一只手抓住父亲,一只手抓住母亲,神色又开始变得紧张起来。

我询问孩子的感觉,他回答说"我很害怕"。

父亲紧接着问:"害怕什么,难道我们对你不好吗?"

孩子摇摇头说:"不,我不只要你们对我好,我要你们两个人好。"

如果一个孩子是不安全依恋的类型,他就会非常担心失去关系,所以他在家庭中也是特别操心的那一个。

父母想要孩子有安全感,应该怎么做

首先,父母自己要做好表率。我前面提到,父母的不安全依恋可能会传递给自己的孩子,你自己的情绪不稳定而在关系中投射出的任何不安全信号,孩子都会照单全收。这并不是要你不跟孩子表达,甚至粉饰太平,就能瞒得过孩子。孩子的安全感不仅仅来自物质的保障,还来自父母情绪的稳定。父母作为成人,要给孩子以榜样。

其次,夫妻之间有冲突并不可怕,对于孩子来说,真正可怕的是父母无论如何都无法解决他们的冲突。夫妻之间核心冲突长时期未解

决的家庭，其症状必然借助孩子的问题呈现出来。所以，作为成年人面对自己的冲突并予以解决，才能给孩子提供真正的安全环境，而这也才是塑造安全型依恋孩子的人格地基。

一个感受到安全的孩子，才能在成年后带着内心稳定的感觉勇敢地走出家庭，才有勇气去探索世界，也才更有稳定的底气去面对和处理属于他自己的亲密关系。

04
孩子的人生，不努力可以吗

好友兴致勃勃地给自己的新书起名：不努力也是可以的。我们都为这个书名欢呼雀跃，但突然收到通知说这个书名不被批准，意思是不符合主流价值观。我们在为这个书名惋惜之余，也在小群里展开了一场价值观的讨论。

有几个朋友说，站在企业甚至整个社会的立场，要业绩，要GDP，如果大家都不努力，这些从哪儿来呢？同时回顾我们每个人，如果当初不努力，如何能有今天的悠闲时间可以聊天？对于一些年轻人，就应该倡导努力的文化，这样他们在人生的后半段才会感觉不负青春。

马上另有好友反驳，太多人不断地逼迫自己努力，所以才会有现在越来越严重的社会心理问题。

我相信这样的讨论也在好友的编辑那里发生过。

前两周跟几位闺密一起吃午餐时，其中一位朋友挑起了一个话题，她说她最近陷入了一种困惑：现在的小孩子，你如果不要求他、不逼他，他就会进入一种懒散的状态，反过来他成绩不好还会埋怨你。闺密甚至在想孩子长大了以后会不会埋怨妈妈，在他小时候没有狠狠地逼过他。但是满天下的心理学教育却在说对孩子要有无条件的爱，要保持宽容，要接纳他的优缺点。现在做家长好难，都不知道尺度到底在哪里，对孩子到底要不要严加管教？家长到底要不要逼一下孩子呢？还是任由孩子自由地成长，开心快乐大于一切？

无论是因好友的书名而引起的一场价值观的讨论，还是代表无数焦虑家长的闺密提出的困惑，都象征着我们内在的一些冲突，我们每个人的内心都会有这样的疑问。我在人生的成长过程中曾被严格地教育，甚至带着一些创伤长大，以至于现在我需要很努力地去弥补那些创伤，因为我的人生处处遇到瓶颈。但我又不得不面对一个现实，就是曾经的这些严格的甚至是创伤性的教育在逼着我不断地忍住泪水一路向前，才使我享受到了现在的生活带给我的物质基础。

所以，在面对孩子教育的问题上，到底应该怎么办呢？我们到底要不要逼迫孩子努力，让他在成年以后至少有一个安身立命的基础？但我逼迫孩子努力会不会给孩子造成心灵创伤，再重走自己的老路呢？

人生需要恰到好处的挫折

我在实际的咨询中经常会遇到这样的家长，他们在年轻时吃够了苦，也意识到父母曾经对自己有条件的爱所造成的伤害，于是他们就过度地在自己孩子身上补偿。再加上整个社会大环境的孕育，于是他们就给了孩子所谓的"无条件的爱"，但是已进入青春期甚至成人早期的孩子却症状百出。

最大的问题是，他们做什么事儿都不能坚持下去，没有办法用自己的意志力去自始至终完成一件事。可以想象，这样的父母是把溺爱理解成无条件的爱了。也有很多家长会困惑，国内的竞争太激烈，对孩子身心的摧残很严重，他们不愿意让孩子参加高考，但似乎又觉得有所遗憾。

我想，真正让父母担心的是"如何在不让孩子努力过度和不能让孩子不够努力"之间获取平衡。不管要不要让孩子参加高考，还是要不要让孩子坚持做一件事，其实本质都是要锻炼孩子在经历考验的过程中培养起来的坚毅品格。带着这样坚持做事的习性，孩子长大后就知道自己不争取不努力就得不到回报，当这种韧劲成为血液里的习惯，孩子才不轻易放弃，在成年后才有机会定义自己的成功。没有这个基础，孩子就只能混日子，终其一生也难以触碰自己的潜能。

但是，培养孩子坚毅品格的度在哪里呢？

去年热播的一部日剧《DR. 伦太郎》里面有一句非常经典的台词，扮演精神科医生的男主角对着身患抑郁症的患者说：请你放弃努力吧。而就是这么简单的一句话，却令抑郁症患者起死回生。大家都知道，抑郁症得病的原因是因为达不到预期的理想中的自己而产生的一种自我攻击。如果一个人长期生活在一种"你不够好，你不够努力"的环境中，久而久之他就会觉得自己怎么努力都达不到别人的要求，从而产生对人生的无意义感。

所以，苛责而不给任何爱和接纳的环境，才是导致一个人因为努力过度而出现心理问题的原因。

其实，我一直觉得在传统的中国家庭中，严父和慈母对于孩子的成长是非常有利的，当然严母慈父也可以，关键是在家庭中这两个角色都要有。对于孩子来说，规矩很重要，而爱和接纳同样重要。但环顾人们的成长史，很多人的问题就在于父母两个人要么过分"严"，那份对孩子情感上的"慈"很少或者干脆看不见；要么就是过分宠溺，让孩子没有规矩，长大后在社会上吃亏。

对于爱和管教，我们真的是两手都要抓，两手都要硬。

左手是坚毅，右手是爱

宾夕法尼亚大学心理学副教授安杰拉·达克沃思写过一本很火的书——《坚毅》。作者认为，坚毅（GRIT）是一个人在遇到挫折、失败时，仍能坚持不懈地朝着自己的目标努力，是决定一个人长期成功的因素。

说白了，努力只是一个行为状态，而坚毅则是一种品格，我们在要求孩子努力的时候，其实我们是要培养他努力后形成坚毅的品格。而这个品格基础打好后，无论他长大做什么，都会有一个内在的自动机制去助推他实现自己的人生梦想。

那父母如何帮助孩子打好这个基础呢？

父母要能准确地判断孩子的心理需求，认可孩子需要爱、限制和自由，以实现他们的全部潜力。在培养孩子坚毅品格的过程中，父母要给孩子足够的陪伴。也就是告诉孩子：你看，我也很努力，你也要努力。但如果你坚持不了，爸爸妈妈也能接住你。

所以，更为重要的是，父母在教育过程中要以身作则。首先，你要自问一下，你自己的生活目标是什么，你是否有激情和毅力去实现目标。然后，再问一下自己，你的教育方式是否能鼓励你的孩子去效仿你。

的确，有的时候，我们也会自我嘲讽：你看我努力有什么用，还不如早几年买几套房子，人生可以轻松很多。或者，你看，我这么努力，还不如富二代有个好爸爸。但是，我们认真地想一下，那些早年买房子的人，还不是做了大量的市场研究，大热天辛苦地跑了无数的楼盘；那些富二代的爸爸们不也是辛苦白手起家，努力奋斗才让子女过得轻松的吗？如果没有坚毅的人格基础，那么所谓无条件的爱也只会变成一个人懒散的温床。

在周星驰的电影里有一个非常经典的桥段，刘嘉玲看到拼命努力但屡试屡败的周星驰回到家后，对他说了一句话："你肚子饿不饿啊？要不要煮碗面给你吃？"我觉得这句话已经非常完美地诠释了我整篇文章的内容。

05
魔鬼和天使,也许来自相同的童年土壤

我在一次心理学沙龙上认识了一个活泼可爱的女孩子,她叫小可。那年她30岁,外表讨巧、八面玲珑,她似乎能把和很多人的关系处理得相当好,很快她就成了这个心理学小团体的核心人物。但在我们进行一些小组活动的过程中,渐渐地我感觉到有一种说不出来的力量在制约着大家跟她的互动。

有一次,她代表我们的小集体向整个班级汇报个案讨论的情况时,我注意到她非常隐晦地打压了我们这个集体中的另外两个小姑娘所提出来的非常有建设性的想法。那两个小姑娘虽然脸色有点难看,但是并没有表现出愤怒。之后的几次活动中,类似这样的情景再次发生。因为小可的处理方式是非常隐微的,所以似乎让大家也说不出有什么不对的地方,只是大家用身体的距离表达了对她的疏远。

那个活动结束一段时间之后,小可在微信上跟我聊天,说起她最近工作上的一些烦恼。刚满30岁的她已经成为部门的副总经理。但她最近发现了一个现象,她所在部门的人员流动率特别高。她一直向我吐槽的是,如今的90后实在是太难管理了。在说这些话时,我直觉性地回想起那次心理学活动中她的表现,接着我向她提了几个问题,关于她对别人的这种隐微的操纵和控制会让别人不满,自己有没有觉察和意识?小可当时没有回答我,隔了几天之后,她约我出来喝咖啡。

她跟我讲了她的故事。小可一家四口。爸爸在她小时候,会经常性出长差。妈妈一个人承担着家庭的重任,并经常向她们姐妹俩抱怨:"如果不是因为你们,我也不会留在这个家里。"小可非常体恤自己的母亲,所以在平时的生活中小心翼翼,尽量不给妈妈添烦恼。小可的姐姐比她大7岁,是她童年噩梦的全部。小可第一次挨她姐姐的打大概是在她3岁的时候。她记得很清楚,姐姐把她拖向阁楼,拿着衣架对她暴打了一顿,然后威胁小可,不许把这件事告诉母亲,还声称这是在替妈妈惩罚她。小可照做了。在这之后几年的时间里,这样的剧情一再发生。似乎每隔一两个礼拜,小可就会被姐姐没有来由地大打一顿。小可清楚地记得,自己即使被打出了鼻血,也一定要在母亲下班到家之前把鼻血处理干净。这样的噩梦一直持续到她上小学——姐姐住校后,才停止。

小可说,她意识到在她成年后,遇到的很多事情似乎都重复了相同的情景。为了生存,她会刻意讨好身边的人,所以让她在职场的攀登上非常顺利;同样的,为了生存,她也学会了一些阴谋诡计,她会使用一些小伎俩去操纵别人来为自己服务,如果目的达不到,她就会运用手里的权力去打击报复对方。在我和她上次谈话之前,她一直觉得自己活在对姐姐的愤怒里,她要做的是转化这份愤怒,但是最近才意识到,她和她姐姐当年的行为又是极其相似,所以她非常痛苦。

童年时我们与重要客体的互动构成了我们的心灵结构

心理学家温尼科特提出,在人类最早期的人格发展过程中,最主要的动机是建立和维持与客体的关系。客体关系指的是个体在童年时代和早期照顾者之间的关系所延伸的特定心理结构,这个客体是指对于我们形成重要关系的外在人物,比如父母、老师、兄弟姐妹等。

如果我们和外在人物的经历相对良好,那么相应内在部分的表达就会轻松;如果经历相对糟糕,那么相应功能的表达就会困难。当个体在成年后,重新认识了一个人时,他就会期待这段关系和以前相似,无意识地想要确认新的经历是自己所熟悉的符合其内在客体关系的需要,因而他的行为会诱使他人以一种符合他期待的方式作出回应。如果他成功地让投射的接收者扮演了指定的角色,那么内在客体关系模式就被再次体验并加强了;可是如果这个接收者能够遏制这种投射,并不按此行动,那么投射者就可能被新的经历改变。

显然,小可由于从小被姐姐暴力行为的内化,使她认同了姐姐具有秘密性质的暴力行为,当她对一些年纪比自己小的人比如心理学沙龙上那两个女孩施以同样的行为时,那两个女孩就扮演了当年她的角色,虽然受到了剥削,但未将感受表达出来。而当她以同样的方法对待她的同事时,也许仍有很多人以同样的方式重复着她当年的表现,但越来越多的人未按她的剧本重复。这时,她内在客体关系的剧本就产生了动摇。

当小可的内在客体关系获得了新的体验来挑战老旧的模式时,其实也是她疗愈的开始。在这种情况下,小可的心灵可能开始自我修正,通过体验内在状态而有所改进。当然,在此刻,小可的任务是去温暖那个曾经被虐待的小女孩,从而不让自己再去重复施虐的剧情。因为过去如果没有被疗愈,悲剧就会再次发生。

如何将魔鬼转化为天使，实现自我救赎

如果我们童年经历过被重要客体的不良对待，而我们也已经意识到现在我们在他人身上重复着相同的剧情，这时我们应该怎么办？

你可以按照以下三个顺序成长。

第一，表达对当年事件的愤怒。这是我们非常不擅长的部分，我们总会认为对亲人的问题是可以过度宽容的。但问题带来的一些悲伤感受，会深深地压抑在自己的心里，形成自己人格上的扭曲。表达对当年事件的愤怒最好的方式就是将它表达出来，当然你可以用一些艺术化的方式去表达，比如写作、绘画，或者走入心理治疗室。

第二，自我同情。也就是自己给予自己仁慈与关爱。可以想象自己回到当年被挨打的那个小女孩的状态。抱起这个小女孩搂着她，想象着自己把自己的爱给她，想象着自己身上的光照到她的身上，想象着自己的手抚摸她的伤痛，在痛苦的源头对她产生同情。

第三，把伤害转化为对他人的关爱。小可在那次谈话后，将内在的伤痛转化为了一种力量，她在业余时间关注了女童受暴力侵害的社会现象，并且用自己的行动和一些社会资源去推动了地方上对受害女童的各项扶持。我在朋友圈看到她经常发一些与女童合影的照片，从中可以看到她内在的天使已展开了笑颜。

记得曾经有一段哲理对话：爷爷对孙子说，每个人心中都有两头狼，一头是善良的狼，一头是饿狼。孙子问爷爷：那哪头狼会长大呢？爷爷回答：你喂养的那一头。

06
青春期的恋爱，也许只是解决家庭问题的出口

一对心急如焚的中年父母找到我，因为原来他们可爱懂事的女儿，进入青春期后就像变了一个人，经常旷课且成绩很差，晚上要一两点才回家。更让父母着急的是，女儿现在在恋爱，而且似乎只听男朋友的话，父母的话一点也听不进去。就这个问题，他们跟孩子来来回回吵了很多遍。他们说得越重，孩子就逆反得越厉害。这对夫妻简直焦头烂额了，对孩子束手无措，他们强烈地向我表达，希望我可以"修理"一下他们的女儿。

在见到被他们形容得令人十分头疼的女儿时，这个15岁的女孩所呈现出来的状态其实是让我比较意外的。这个女孩非常开朗热情、健谈，给我的总体感觉就是一个非常有活力的姑娘。而且这样的活力在她身上体现的并不是那种非常野性的，就像她的父母所描述的那种没有规矩的女孩，她身上呈现出的是彬彬有礼、情商也很高的状态。当我表达了我对这个女孩的第一印象之后，女孩开始对我产生了信任，于是在之后的咨询中，她跟我聊了很多在生活中的困扰，她和父母的关系，以及她和她男朋友相处的问题。

三四次咨询做下来，这个女孩感觉我已经像她的好朋友了，于是她希望我可以向她的父母表达，不要再阻拦她跟这个男孩交往，她希

望我可以站在她这边支持她。

于是我进入了一个家庭治疗师经常会陷入的境地：父母的目的是需要让我来"修理"他们的女儿，而这个女孩来做咨询的动力就在于希望我可以去支持她，去说服她的父母。按照家庭治疗的术语来说，原来发生在父母和女儿之间的矛盾，被三角化为与治疗师的矛盾了，也就是我被卷入了父母和女儿的冲突中。如果我继续单独为女儿做咨询，那么他们所有的人目标都无法实现，因为他们只是把他们之间没解决的冲突打包给了我。

基于这样的境地，我邀请父母和孩子一起坐在了咨询室，一起来面对问题到底是什么。一开始进行得非常不顺利，要么咨询室里一片寂静，要么就是剧烈的争吵。我几次不小心也陷入了他们的冲突中，当我以本能去共情某位家庭成员时，这位家庭成员很快就会拿着我的话去攻击其他家庭成员，就如同他们一直做的事，不断地结盟，去对抗家庭中的另一个人。通常这样的情况越剧烈就说明家庭未解决的冲突越大。

青春期的恋爱，满足什么心理需求

直到女儿在咨询中说起一件事，原来一副要"修理"女儿架势的父母才渐渐平静了下来。

女儿说到，希望父母不要阻碍自己与男朋友的交往，因为男朋友才是世界上唯一真心爱护她的人。上初中后，不知道从什么时候开始，她一紧张就会咬指甲，经常会把自己的食指和大拇指的指甲咬得坑坑洼洼，她为此非常烦恼但又克制不住想这样做。

在长达两年多的时间里,一向爱批评她的父母只会把学校老师的不满发泄在女儿身上,却从来没有关心过她有咬指甲的习惯,更不要提去关心她的那些紧张感了。而在与男朋友的相处中,男朋友却发现了这一点,并经常督促她改掉这个坏习惯。渐渐地,女孩戒掉了这个毛病。于是女孩产生了一个信念:父母果然是不关心我的,这个世界上唯一关心我的就是我的男朋友。

在了解到女儿初一时开始咬指甲的问题后,我很自然地就问了全体家庭成员一个问题:孩子初一的时候,家里发生了什么?

在接下来很长的时间里,三个人都低头不语。我耐心等待了一会儿,可能是基于对我的信任,女儿终于开口了:妈妈要和爸爸离婚。

问题就有了答案,父母之间的冲突以女儿紧张到要咬指甲的形式被表达了出来,而父母无暇顾及女儿的情绪,继续彼此冲突着。直到女儿以成绩落后的形式表达出来后,父母才结成了联盟,暂时休战,共同对抗女儿;而孤立无援的女儿感受到被男朋友呵护,于是继续以谈恋爱的形式对抗自己的父母。

青春期是个非常特殊的时期,每个人在这个生命阶段都要完成自我确立的目标。在这个过程中,如果家里是充满爱和温暖的,孩子就不需要用叛逆的形式来表现;而如果家里是冰冷缺爱的,同时还会让人体会到无处不在的紧张,孩子便会自然而然地去外界寻求帮助自己完成自我确立的人,这便是很多青春期恋爱发生的原因。

换句话说,人的本能都是寻求爱和支持的,不是在家里就是在家外。当家里的冲突得不到解决时,就会自然放大这份爱和支持的力度,从而让这份爱添上了过于浪漫的色彩。

从这个意义来说，不管女儿是旷课还是谈恋爱，她的这些行为都是出自本能对缺爱家庭的爱的呼唤。我们可以想象，在孩子更小的时期，她只能自己消化父母之间的冲突，而在青春期这个特殊时期，她有力量将长期以来父母之间未解决的冲突以对抗的形式表达出来。

对抗是青春期孩子在家庭内部的常态：因为身体和内心力量的成长，处在青春期的孩子开始不畏惧父母的力量，于是敢于堂而皇之地对抗父母，男孩可能会逃课打游戏，女孩可能会谈恋爱。而对抗都是因为彼此有冲突，如果父母留心观察，就能早早地注意到女儿由于夫妻之间关系紧张所产生的咬指甲的行为，这个行为背后要表达的就是：我很紧张，我消化不了这个紧张，我需要用这个行为让自己平静下来。

对于女儿来说，咬指甲是她的自我救赎，谈恋爱也是。

孩子早恋，父母应该怎么办

我经常遇到因为孩子的早恋问题来求助的父母，通常在这种情况下，我会一句话怼回去："你们在这个年龄时难道没有暗恋或明恋过一个人吗？"父母这样的担心，当然可以理解，他们是出于怕孩子学习分心或者怕孩子过早发生性关系。

但我要说，其实这个世界上不存在早恋这个问题，因为人一生下来就有爱的需求，只是最早我们的恋爱对象是我们的母亲、父亲。如果一个人直到大学毕业还没有恋爱过，那他就要在他的成人时期花更多的时间去学习恋爱，如果没有时间学习如何爱就进入婚姻，那他的婚姻势必会战火四起。恋爱也是一个技术活，早学早会。

其实青春期的恋爱会被父母反对，更多的是因为父母感觉孩子不听自己的了，也就是孩子不像以前那么爱自己了。而大多数孩子在青春期将恋爱谈得轰轰烈烈的都是伴随着父母的中年危机，父母两个人的长期冲突或者长期冷暴力让孩子没有回家的冲动。但人本能地有被爱的渴望，于是家里越冷，家外感觉就越暖。这时候，恋爱对象一句关心的话就能点亮这个孩子的天空，让她感觉生命有爱有光。如果你要强行撤掉她的这束光，她不跟你拼命才怪。

所以，父母在孩子开始谈恋爱时，首先要理解，这是孩子青春期必然要经历的事，孩子在这个年龄阶段需要以各种方式去寻找和证明自我，也就是：我是个什么样的人？我是不是受欢迎的？这些问题可能都需要通过恋爱得到解答。也就是，大多数的青春期恋爱其实是健康的，只是多了一个渠道让孩子去证明自己是值得被爱的。

但如果孩子因为恋爱而与父母有了激烈的冲突，那你就要小心了，这也许只是她对抗父母和整个家庭气氛的方式，这时候你越是不允许，孩子就会越对抗。因为你的不允许只是在证明自己没有爱了或者不像以前那样爱孩子了，那么，孩子心里的那个洞不是更要找人填吗？

如果父母之间确实有未解决的冲突，切忌以联合阵线去对抗孩子，而应先检查两个人的内部冲突及家庭氛围。夫妻的结盟不应该用在对抗孩子上，而应该聚焦解决夫妻矛盾这件事上，即使解决不了，也不要把冲突转嫁给孩子，让孩子以各种症状去帮你们解决。

07
爸爸带孩子怎么去，比去哪儿更重要

之前有一档热门节目《爸爸去哪儿》，节目里爸爸们各显神通，带领着各自的宝贝们挑战各种奇葩任务。每位父亲都很尽心，孩子们也很真实地展现各自的感受和情绪。屏幕前的父母们在看节目时，有时不免也感叹："哎呀，当我的孩子出现这种情况时，我应该怎么做呢？"

这篇文章我想从几个角度来谈一谈，在不同的情境下，与孩子沟通更适合的方法是什么。

在节目一开始，杜江的儿子嗯哼就遇到了他的第一个难点：心爱的玩具被节目组收走了。嗯哼的表现是从一开始的拒绝到发脾气再到难以接受地痛哭。杜江在安慰儿子的整个过程中，在自我情绪管理上比较稳定，没有因为孩子发脾气耽误整个团队的行程而生气。父母在面对孩子情绪有波动时的稳定对孩子传达的是一种接纳，这是做得非常好的一面。但即便接纳了孩子的情绪，孩子的行为也必须受到限制，如果嗯哼无底限地撒泼，节目也无法继续。这就是对父母的考验。

在孩子因愿望得不到满足而耍脾气时，如何让他尽快从情绪中抽离

首先，全神贯注地倾听孩子。面对面、眼对眼地看着孩子的脸，倾听他诉说的每句话。如果父母能真正地倾听孩子的叙述，孩子就能容易地表达他们面临的困境。有时候，我们只是给孩子予以"嗯、哦、是这样啊"的回应，孩子就会整理自己的思绪，自己找到处理方法和下一步的行动方案。而应对孩子的脾气，父母嘴上说在听，其实心不在焉或者急于打断孩子，都会让孩子气馁。

其次，说出孩子的感受代替否定感受。嘟哼说："我生气了。"爸爸应道："不要生气。"这其实是我们日常生活中惯常的用语。父母之所以这样做，是因为我们急于让孩子摆脱不好的感受，但不管我们的态度有多好，孩子都可能会更难过。我们不敢复述出孩子的感受，也是因为我们担心说出孩子的感受会让孩子更难过。但其实情况恰恰相反，当孩子听到你对他说："哦，你有点生气。""如果你和玩具在一起会很开心。""暂时失去玩具是挺难受的。"这样的话时，孩子在心里会感到安慰，会感觉到有人能理解他们内心的感受。

孩子有负面情绪并不可怕，可怕的是这些情绪长期不被父母接纳，时间久了，可能就形成了创伤，对孩子的成长不利。

再次，用幻想的方式实现他们的愿望代替逻辑上的解释。我们经常在商场里看到，孩子想买某样商品而父母无法满足孩子时，有些孩子会撒泼打滚。当孩子想要一样我们没有的东西时，父母往往给孩子解释为什么没有，为什么不能买，但常常是越解释孩子越不听。有时，孩子对某种东西的渴望心情得到理解后，他们是会比较容易接受现实的。

很多父母担心，一味地接纳孩子的感受，会不会让孩子感觉他做什么都是对的，从而让自己变成一个溺爱孩子的父母。但其实并非如此，你只有充分接纳了他的感受，才有资格跟他谈界限。在充分接纳他的感受后，你依然可以告诉或者示范给他，什么事是可以被接纳，什么事是不可以被接受的。如果一个孩子的感受不被你接纳，他反倒会出于潜意识的报复而不遵从你设置的界限。

接下来，嗯哼第二次哭泣，发生在住到了一间不如意的房子后提出想回家被父亲驳回了。当我们在生活中遇到孩子无法跟我们合作时，我们应该怎么办？读到这里，您应该已经知道，接纳孩子的感受是最重要的，就像节目中的嗯哼，一开始他只是向父亲提了一下"我想回家"，被爸爸驳回后才开始哭泣。而引导杜江开始向嗯哼讲道理的那段，竟然是嗯哼自己去向父亲确认："爸爸，你也不喜欢这个房子对不对？"所以，孩子需要的其实只是确认父亲的感受。

当我们遇到孩子表现出不配合时，父母怎么做才是对的

首先，描述你所看到的问题，而不是直接指责孩子。"我看见这个房子有点特别，和我们平时住的不太一样。"我们如果只是描述问题，就会把精力集中在问题本身上，而不是集中在抵触情绪上。

其次，给孩子提示而不是谴责。"从这里回家的船要两天后才开。""我们每天都要在外完成任务，在这间房间里每天最多也就睡觉那点时间。"当我们给孩子提示后，他们往往就知道该怎么做了。

再次，说出你的感受。孩子愿意听到父母的真实想法和感受。通过表达自己的感受，我们也是在向孩子展现出自己的诚恳，哪怕你现

在的感受是愤怒，孩子也并不会害怕跟一个可以表达自己愤怒的人合作。在这点上，我们可以看到不仅嗯哼在引导自己的父亲表达，陈小春的儿子 Jasper 也会用主张的方式劝导正在发脾气的父亲："Can you stop angry now?"（现在你能别生气吗？）陈小春紧接着的道歉代表他承认了自己的情绪，那 Jasper 也就会顺水推舟地继续合作了。

最后一点，我们看到节目中有个需要孩子独立完成的小任务，就是每个孩子在就餐时都被要求去村长那儿拿东西。当 Jasper 自己把自己挑中的沉甸甸的锅具交给父亲时，陈小春的回应是"哇，你取回了什么？哇，干得好！"这是我们作为父母惯有的表达对孩子行为赞赏的套路。

只是，在赞赏这个问题上，我们还可以做得更多。我曾经遇到一位求助的母亲说不管她怎么夸孩子，孩子都不领情。他们之间的对话基本是这样的：

"哇，你画得真好看！"
"怎么好看了？"
"就是很美啊，太漂亮了！"
"得了吧，你根本就不喜欢！"

有时候，我们对孩子越是大加赞赏，孩子反而越不领情，这是因为当我们用评价式的用语时，孩子可能并没有感受到你对他行为的重视，他感觉到的是你高高在上的评判。所以，有益的赞赏可以包括两方面：

（1）用赞赏的语气描述你所看到的和所感受到的。

（2）孩子听到这样的赞赏后，能够自己赞赏自己。

比如：可以这样说：

"哇，你画得真好啊。你看你先画了这个点，再画了这条线，又画了一个圈，又是一个拐弯。"

听到这里，孩子会感受到他的付出被你看见了。

如果这时你再加一个提问进去，就更棒了。

"你怎么想到要这么画的啊？"

接下来，孩子在跟你绘声绘色地讲解他的绘画过程时，其实也是他自我欣赏的过程。而这个过程不但让他更有自信，也会让他知道他的什么行为是被父母欣赏的，从而使他继续强化这些行为。

在我的眼里，这些能够带着孩子去探索世界的爸爸都是足够好的爸爸。在人生的旅途中，孩子跟自己的父母去哪儿其实并不那么重要，重要的是你和孩子是怎么去的，路上发生了什么，感受如何。其实，如果我们愿意花时间倾听孩子的感受，说出自己的感受，赞赏孩子的行为，和孩子一起去寻求解决问题的方法，那我们在这个亲子的旅途中也就得到了最珍贵的礼物。

我们都是普通人，仍有成长和改变的空间。和孩子一起生活，不仅需要我们耗费时间和精力，在付出爱心和智慧的过程中，也让我们多了一次成长的机会。只要我们愿意俯下身进入孩子的世界，我们自己就会得到更多。

08
老公，我不希望你只是家庭的"印钞机"

家庭中隐形的父亲

每隔几个月我都会和我大学的两位室友聚会，十几年间随着各自结婚成家，伴随家属的加入，聚会的队伍自然越来越庞大。这几年在聚餐的餐桌上我发现了一个奇怪的现象。

一个同学的女儿才6岁，但经常和妈妈拌嘴，甚至可以说是吵架。她们母女俩斗起来，压根不把我们当外人，你一句我一句，那个气氛真的有点宫斗剧的感觉。另一个同学一直是我们当中的女强人，她是真的很强势，强势到每次我们看见她的儿子，都小心翼翼地去跟他说话，这个8岁的男孩言谈举止里透露出来的都是胆小和畏缩。

但她们两位家庭的另一个关键人物老公在这么多年里，来的次数几乎数得过来。他们不是在忙加班就是在忙应酬，也是因为他们的努力，我这两位女同学的生活水平其实还是不错的。

可是，在他们参加聚会的时候，给我留下的感觉却并不好。当母女陷入战争时，孩子的爸爸就像透明人一样，自己吃着饭，一句话都懒得插；当另一个同学呵斥儿子时，孩子的爸爸就只是同情地看一眼儿子，半天不发一句声音。

我也问过我的女同学们,"你们老公怎么一点也不关心你们啊,也不在你和孩子拌嘴的时候当个裁判或者帮个腔什么的。"

女同学们的回复几乎是一样的:"他懂什么呀!""孩子从小他就没带过,他说话孩子肯定不听!""算了,他工作也很忙的,哪家不是女人带孩子!""这年头男人怎么指望得上,能把钱带回家就已经不错了!""你看动物界,雄性配完种很多就走了,它为什么走啊?因为它留下来啥忙也帮不上!"

这样的声音,真的不陌生,也展现了大多数家庭的生存状态。父亲在家庭中的隐形,让孩子与父母的等边三角形失衡,孩子与母亲纠缠,父亲主动或被动地分离出这个家庭。

我们都认为养家的责任和重要性更强,所以其他一切都可以被牺牲掉。时间久了,孩子的父亲在家里成了透明人,对于孩子,很多父亲只剩下了一个背影。

父亲的功能是什么

个体心理学创始人阿德勒早就研究过在家庭中父亲的功能有哪些。经过这么多年的研究,心理学家们对这一点已达成共识。

由于其生物基础的特殊性,父亲的首要功能肯定是赚钱养家。远古时代,父亲能把肉带回家,就是作为父亲最基础的生物功能,只有这样,这个家庭成员的生存基础才能保证。但现在很多男人虽然赚到了钱,却把钱又在外面花光了,如赌博或是花天酒地,甚至还要回家问妻子要钱,把孩子读书的钱花光。所以,作为父亲首先要考虑的就是：我能不能把我的孩子养大？

于是很多男性就想当然地认为：对啊！所以我去赚钱，陪孩子这件事情就由孩子他妈来完成！

其实，这是天大的误解！父亲和母亲在对孩子的陪伴这点上，功能是不一样的，互相不可代替。

每个孩子都在小的时候跟父母玩过这样的游戏：爸爸用他强壮的手臂把我们举得高高的，一次又一次，我们渴望被爸爸举得高高的看世界的刺激感，妈妈在一旁虽然很高兴看着这个似乎只有和爸爸才能玩的游戏，但脸上也会时不时透露出紧张神态。

这个重复简单的游戏对孩子的成长有什么意义呢？

孩子从爸爸的一次次托举中看见了世界，并且就是因为有了这份托举，孩子才有机会看见爸爸看不见的高度；孩子从妈妈眼里看到了骄傲和紧张，这让孩子知道，有妈妈的爱和关注，他很安全。

再长大一些，父亲带着孩子去做一些稍有危险性的游戏，父亲稳稳地跟在孩子身后看着他去探索世界，这个过程就特别重要。孩子因为有这份承载而更有力量去探索世界，同时也非常知道探索的边界在哪里。当我们看到日常生活中有些男生不愿走出去天天宅在家里，或者媒体里报道有大学生独自去闯无人区而遇难时，我们可以推测那可能是因为他从小缺少一个有责任的父亲的陪伴。

这就是父亲的托举功能。

还有一个功能，叫作英雄的功能。我们每个人在上小学前，都会感觉自己的父亲是英雄。在自己弱小无力时，我们发现父亲轻松就打开了易拉罐、啤酒瓶盖，有这样的英雄在身旁我们会感觉无比安全。

女孩子想要嫁这样勇敢的男人，男孩子长大了想要像爸爸一样孔武有力。但如果旁边的妈妈来一句泄气的话："除了有点傻劲，你还能干吗？"这对于父亲英雄形象的建立就会有不好的影响。我们当然希望自己的孩子长大后可以具有英雄的内核，勇于接受人生的挑战，而这个内核的塑造从小就来自父亲，谁也替代不了。

我们现代社会讲的"拼爹"，拼的到底是什么东西？

其实"拼爹"最重要的就是和孩子在一起，于言行间传递给孩子这些理念：让他变得更有探索能力，使他有跟外界更开放的沟通心态，使他有能力让自己对危险进行探索，同时也知道边界在哪里。

这些都是父亲该给孩子的。

父亲们也许会说，现在光一个赚钱的功能就累个半死，其他功能我要怎么实现呢？

家庭责任不能搞承包制

家庭里的每个人都非常坚强，都承担着属于自己的责任。父亲承担着家庭的经济责任，母亲独立承担着孩子的抚养和教育责任，孩子独立承担着学业和照顾母亲情绪的责任。

每个人都在自己的职责内努力着，承担着过重的负担，没有多余的力量去支持彼此，并成为彼此的负担源头。在这样的家庭格局里，其实存在着各自角色认知的错位，以及夫妻俩对婚姻合作概念的模糊，是家庭责任分配不公。

我们会想当然地认为一个人只负责一个职责即可，但正确的做法应该是每个人都有多个职责，每个职责在每个人身上的比重不同。

当一个父亲把原来的三个功能只缩减为一个时，这个单项即便是100分，他的总分也是不及格的，而不及格的那两项就有可能是家庭系统性危机的爆发源头。

因为经济负担，女人通常会把男人作为丈夫和父亲的角色给忽略了，也有很多男人认为丈夫和父亲的角色只会让他们更累，所以只能让自己在家庭中处于远离和观望的状态。但越是这样，他们就越有可能失去来自家庭的有力支持。当他把所有的压力都扛在自己一个人肩上，也不去帮助妻子分担一下照顾孩子的责任，心情不好时会想跟妻子抱怨一下，结果妻子可能回一句"你叫什么啊，我一天到晚上班还带孩子我不累啊！"就给怼了回去。怨谁呢？

每一位家庭成员其实都有苦衷。很多家庭都一样，问题并不是出在某一个人身上，而在于彼此之间的互动模式无法给予对方支持，甚至成为彼此的负担。家庭成员之间如果不懂彼此分担，互相支持，那么万一有一个支点出了问题，对整个家庭系统来说就是灭顶之灾。

我们天天说要让孩子赢在起跑线上，但我们可能不知道的是，父亲是孩子有机会赢的基础，只有给孩子一个有力的陪伴，才能让孩子发展出完善的人格，让孩子走得更远。同时，家庭也是一个系统，母亲应该让父亲来参与陪伴孩子，父亲应该主动积极地加入家庭生活，这样才不会让任何一个人成为家庭问题的替罪羊。

香港作家梁凤仪说过，"恐惧时，父亲是一块踏脚的石；黑暗时，父亲是一盏照明的灯；枯竭时，父亲是一湾生命之水；努力时，父亲是精神上的支柱；成功时，父亲又是鼓励和警钟。"

愿你是这样的父亲。

从现在开始。

09
如何培养孩子健康的人格

对于震惊整个中国的滴滴司机杀人案,很多人或许还记忆犹新。乐清的赵女士在乘坐滴滴顺风车时被司机钟某强奸并杀害,年仅20岁。就在案发前一天,司机钟某还曾因对另一名乘客图谋不轨而被乘客投诉。

令人发指的强奸杀人犯,不定期地被爆出来。我们在愤怒的同时,不禁质问,这是怎样残忍的人,才会泯灭人性,用暴力和刀尖去获得一时的快意?

以下是钟某在网上的一些公开资料:

钟某是独生子,小时候爸妈在广州打工,他是由爷爷带大的。"他父母来这里打工十多年了。他以前一个人在家,做什么父母也管不了,所以父母就催着他一起过来,这样能管着他,也希望能让他早点结婚生孩子。"这是老乡对钟某的描述。钟某内向,不怎么爱说话。来到乐清后,生活看似一切都很平静,但"他跟父母的关系不好,不听父母的话。"

钟某以前在老家开过奶茶店,亏了十几万元。钟某的母亲曾对邻居说,钟某花光了家里的积蓄,花掉了40多万元。在作案之前的半年时间中，钟某曾在57个现金贷平台有过申请记录，成功了56次。其中，最近一个月借款次数高达31次，也就是说，在事发这一个月内，钟某几乎每天都在借钱。在这样的压力下，他申请开起了顺风车。

反社会人格究竟什么特点

我们通过以上资料，可以大概推测出杀人凶手钟某是典型的反社会人格。具有反社会型人格的人，可能生活在社会的底层或边缘。他们的成长环境充满暴力、欺骗、伤害、恃强凌弱，并且他们在成年以后还会做出违反社会法律层面的事情。

当我们谈到这样的人时，普通老百姓可能会认为这样的人离自己的生活比较远，其实不然。反社会人格还有一种表现：他可以呈现出像个功能良好的正常人，甚至在我们所看到的政治或经济领域居于高位。他外表看上去感觉很正常，甚至是温情脉脉，但也有可能为了获得自己的利益，毫不留情地去打击对方，以正义的名义去搞垮对方。

因为人格是个连续的谱系，所以每个人身上都有突出的一两种人格特质，甚至更多。但一个健康的人是可以整合好自己的人格的，至少是可以对人格中的问题予以觉察，在生活中利用优势，而不会给自己和他人带来大麻烦。对于一个具有反社会人格特征的人，如果他整个人的功能良好，我们会说他是偏健康维度的反社会人格；但如果是像滴滴司机杀人这样的人，那他就是偏人格障碍维度的反社会人格。

一般来说，反社会人格障碍的诊断标准如下：

◆ 始于15岁，广泛地漠视并侵犯他人的权益。
◆ 行动无计划或有冲动性，如进行事先无计划的旅行。
◆ 对他人漠不关心。
◆ 不尊重事实。
◆ 不能维持与人的长久关系。
◆ 很容易责怪他人等。

按照弗洛伊德的理论，我们每一个人生存在社会上都要协调好本我和超我的冲突，这样的自我才是健康的。本我是什么呢？举例：就是我现在想吃个烧饼，无论如何我都想吃，于是我就去抢人家手里的烧饼，或者去偷一个过来。那超我是什么呢？超我就是我知道有道德和法律规范的约束，所以我告诉自己这些是不道德的，同时也是触犯法律的，所以不能做。那自我就会发展出一个功能：我去好好赚钱，用赚来的钱去买烧饼给自己吃。这既满足本我的需要，同时还符合道德和法律的标准。所以我们看到反社会人格的人，其实他们的超我是匮乏的。他们只是为了自己本我的需要，而无视社会规则，无视他人的利益。

同时，他们还有另一个特点：冲动，具有攻击性。这样的人，有的可能就是没有头脑的攻击，但是有的人表现得并不那么冲动，他会利用自己的高智商，使其表面上看起来并不冲动，但却能达到他的攻击性。这可能会体现在工作和生活上，虽然没有直接的殴打和冲突，但会表现出持续的不负责任。

反社会型人格的特质是怎么来的

首先有一点要注意，人格一定是先天气质加后天养育形成的。也就是说，每个人的先天基因很重要，如果他是个西瓜籽，你却非要让他长成苹果树，那是不可能的。所以，种子很重要，在这个基础上，你要给种子适合的养育。一个孩子的先天气质里，如果更多的是容易对外攻击和被激惹的，就容易形成反社会型人格。但如果他18岁以后的人格定型为反社会人格，那还需要以下一个最重要的条件：恶劣的养育环境。很多这样的人都有不被爱的童年，长期被忽略，甚至有些被虐待的行为发生在他们身上。而这些虐待会影响到他大脑中前额叶皮质的发育，这个东西恰好是大脑的伦理中心，就是主管超我的部分。

所以，从生物学的角度来讲，这个部分如果没有发育好，那他对人类的同情、共情、同理心就都会偏弱。我们假设一个场景，一个人对另一个人很生气，可能本来想报复一下的，但看见惹自己生气的那个人正在抱着自己的孩子温情地逗弄，他内在的情感就会被唤起，可能就自动放弃报复了。但反社会人格障碍的人的这份情感不会被唤起，他可能会把妈妈连带着孩子一起杀掉。他不会有内疚和自责，也就是与伦理相关的情感在他那里都是匮乏的。

爱和管束并行，才是一个健康社会人的成长之路

有时，生孩子这件事也跟赌玉一样，你真的不知道会有什么气质的孩子降临到你的家庭中。如果真遇到前面说的这样的孩子，我们做父母的一定要记住，这个孩子尚有非常大的概率不会发展成反社会人格。如果父母能够充分了解孩子的先天气质，并在他这个气质类型的情况下帮他往一个缓和的方向去发展，那这个孩子就可能会往健康的方向发展。如果在有些家庭，父母本身就有很多反社会的行为，比如当小偷、从事色情行业等，他就没有办法去帮助孩子建立起一个安全和道德感较强的环境。

攻击性其实是人的本能，每个人在成长的经历中都会先释放出攻击性，再发展出道德感。它的本质是不涉及道德判断、没有好坏的。我们带孩子的过程中可能都有这样的体会：小孩可能会哭闹，妈妈抱起他时他还会连踢带蹬；慢慢长大一点，还会经常扯妈妈的头发。这些都只是儿童或者婴儿的内在本能，是一种自发的力量，本身是无好坏之分的。

母亲要让孩子能够把他的这个攻击性表达出来，不要去限制或者是过度惩罚孩子，或者不给回应。一个孩子 3~5 岁时是建立道德感的时候，在这个时间段，父母要给他慢慢建立起是非对错的观念，然后再把这个能量慢慢转到一个积极正确的方向。

其实一个有力量的生命往往是能够表达出攻击性的，如果攻击性被抑制住了，发展不出来，那么整个人就是没有力量的。试想一下，如果一个人总是有一个严格的超我，不允许自己自由表达，那活得多憋屈！但如果一个孩子将攻击性表达出来了，但他的父母却并没有帮

助他建立起积极的内疚、共情、对他人的理解和道德感，那他的反社会行为就得到了纵容。

如果孩子打了你，一方面你理解他这是在表达他的攻击性，另一方面你可以帮助他建立自己的内疚感。比如，你对他说："我知道，宝宝现在有力量了，不过宝宝这样抓妈妈的头发，妈妈感觉好痛啊。"当他听到这句话后，他的那种内疚感就会被发展出来。妈妈经常对孩子回馈这种感受的话，孩子的内在就会慢慢整合。

我们由于小的时候受到了太多的管教，从而有一种补偿心理：我受的苦，孩子不能再受。同时，再加上隔代抚养的溺爱，使得现在孩子的普遍问题不是活不出自己，而是活得太没有尺度。

其实，究其根本，我们在抚育孩子的过程中，要学会发展孩子的同理心，也就是让孩子能够从对方的角度去理解对方。虽然反社会人格也能够体会到别人内心的感觉，但他的那种感觉是冷漠的、没有同理心的。而同理心是：这种痛苦我不喜欢，你也不喜欢，我不要让我不喜欢的东西让你去承担。

一个有同理心的人是温暖的，一个具有同理心的社会是温情的。在这个社会中，我们也许和罪犯很远，但我们也有可能亲手制造出一个罪犯。

10
60分妈妈,你就是孩子最好的母亲

曾经网上有一篇文章是《每一个职场妈妈,都欠孩子一句对不起》,非常能戳到读者的痛点。文章的大意是,妈妈要上班不能全职陪孩子,是欠孩子的。从事实层面来说,这确实是无奈的普遍现象,哪个妈妈不想多陪陪孩子呢?只是随着近几年心理学的普及,当越来越多的妈妈们认识到,自己在成长过程中被父母疏忽了,自己成长中的负面影响可能传递到孩子身上时,新的焦虑便产生了。

我们明白了我们是如何走到今天的,了解过去是为了让我们更好地面对未来。但如果心理学是让人活在自责和愧疚中的,那一定是打开的方式不对。

我们都知道孩子需要我们的陪伴,但现实是我得上班赚钱养家,供房买尿布,难道在这样的现实面前,我们还能心心念念全职带孩子吗?难道妈妈的24小时陪伴就真的是对孩子好吗?如果不能全职陪伴孩子就真的会给孩子造成创伤吗?身为人母,做到什么份上才够呢?

我有一个女朋友在生产后经历了几个月的抑郁期,康复后的某一次,她听完一节育儿课后马上来找我,很紧张地问我她的孩子会不会有问题,因为在她抑郁的那段时间,孩子基本只有在吃奶时才被送到她身边，别的时间都由她婆婆和亲妈带着。我理解她的紧张，也告诉她，如果出生后他就一直在你身边，肌肤相亲，还能闻着彼此的味道，那自然是最好的。但对于一个婴儿来说，出生后 3 个月内，他是没有能力区分自己和外在世界的，他只知道饿了或者拉了哭就好了，反正会有一个不知道什么人来无限地满足他，他无法区分这个人是妈妈还是谁。也就是说，在这段时间里，妈妈的"喂奶、换尿布"的功能远远重要于"妈妈"这个人。这段时期，只要他舒服了，他就会觉得这个世界是安全的，环境是值得信任的。

相反，如果你在精神还没有稳定时就去带孩子，孩子可能在那些"喂奶、换尿布"的程序中得不到及时的回应，那才是不利于孩子的心理成长。

等孩子再长大一些，妈妈看见他会翻身、会爬、会走路，这之后的每一步其实都有重要的意义：我们的人生就是和母亲不断地分离。

一开始，孩子的世界里只有妈妈，逐渐地他发现"咦，这里还经常有一个男人"，"哇，除了这个男人之外还有这么多人"。在这样不断地发现中，母亲与孩子建立起来的稳定关系延伸到了父亲身上。如果母亲不喜欢孩子的父亲，她就会阻止这种转移，霸占着自己的孩子，那孩子与父亲的关系就很难建立。之后，孩子与父母的关系还要再延展到家庭之外更多的关系中，更多的亲戚、别人家的孩子，然后是老师、同学们。随着时间的推延，母亲的任务是能够让孩子顺利地与自己分离，并且将她和孩子之间的安全感延伸到整个社会。

全职妈妈当然好，但我也看到，很多妈妈以孩子为借口而逃避自己无法面对社会需求的现象，很多妈妈在孩子已经七八岁时还和孩子睡在一起，不去面对婚姻中的问题。

职业女性难免会面对现实的压力。当我们有压力时，也难免会在孩子顽皮时克制不住洪荒之力怒吼几句。那么，这样是不是真的会给孩子带来创伤呢？心理学家温尼科特提出一个理论，叫作"足够好的母亲"，不是最好，不是勉强好，是足够好。那足够好的标准是什么？

他说"60分就行了"！

也就是说，你可以有60分是好的，40分是坏的。为什么这样说呢？足够好的母亲就意味着妈妈不但要对孩子表达爱，也要恰当地向孩子表达恨、烦和不满意。往往孩子并不怕妈妈发火，只要妈妈是真实的，并且在发火后能跟孩子聊感受、讲道理。而如果妈妈受不了自己在孩子面前表现出真实的一面，或者因为愧疚而压抑自己，那孩子会因为这份小心翼翼也变得非常小心翼翼。成年后，他们之间可能真的是一种互相尊敬式的母子关系，多可怕！孩子自然也会将这样的关系模式复制到他更大的人际圈子里，比如：同学、同事、自己的亲密关系等。

其实，作为职业女性，妈妈可以保证以一个稳定的频率出现在孩子面前，这比24小时陪护更重要。如果妈妈每天下班的时间并不太固定，那就不要让孩子有固定见到妈妈的期待，也不要轻易承诺会精准在几点几分出现。要知道对孩子来说，你说晚上六点钟他能见到你，他就会数着时钟等你，超过六点后的每一分钟都会增加他的焦虑。另外，如果家里的孩子年龄很小，职业女性在下班后可以陪伴孩子的时间也要尽量保持一种稳定的状态。如果你一会儿染个红头发、一会儿敷个面膜，对于小婴儿来说，这完全是换成了另外一个人，他就只能用哭泣来表达对换妈妈的不满了。

也许作为全职妈妈难免会出现一些失误，那是因为外在的约束太多了。我们并不能以此判定是妈妈的错，比如，社会没有给妈妈提供上岗培训，每个人并不是天然就知道如何培育孩子的；也许妈妈的婚姻生活不尽如人意，她的心情有时会很难控制；甚至妈妈因为劳累，身体状况不够给力，不能为孩子提供从头到脚的全面呵护。这样的成长经历，就真的会给孩子带来问题了吗？

当然不是。孩子的经历并不会对他日后成为什么样的人起决定作用，只有那些从经历中得出的经验对孩子才有指导作用。一个人的性格并不是由单一的、固定的原因造成的，孩子可以通过自己的经历去实现某一个目标，而正是这些经历让他们形成了自己的人生观。

作为母亲，我们能给孩子带来影响的就是看待这些经历的态度。

当一件事情发生时，如果妈妈刻意放大它的负面效应，那孩子也会渐渐形成消极的思维，而且容易让孩子钻在固定的问题里打转。

正确的做法，就是在了解孩子感受的基础上，让孩子接受现实，并看到现实的积极意义。

"妈妈知道宝宝想要陪伴，而妈妈要上班赚钱就不能全天陪着你，不过妈妈一定会想着你，下班第一时间见到你。感谢宝宝支持妈妈去上班。"

我们要向孩子传递的是爱和感激，而不是满满的歉意。

孩子太小，他承受不起。

其实，妈妈们，我们在孩子面前的每一个自信满满的转身，以及那兴高采烈地投入职场的背影，对于孩子来说才更为重要。

11
孩子，虽然父母离婚了，但我们仍是你最好的父母

在咨询室里，每天都上演着人世间的悲欢离合。有些人因要不要离婚而来；有些人即使已经离婚很多年了，形式上虽然已经分开了，但彼此之间的纠结依然使他们共同坐在了咨询室里，这个纠结可能是"怨恨"，更多的可能是"孩子"。

阳阳是一个14岁的孩子，被妈妈带到咨询室是因为学校通知他有严重的品行障碍，需要心理辅导。据了解，这个男孩在学校里经常逃课，经常仗着自己人高马大欺负同学，甚至还虐杀自己小区里的流浪猫和流浪狗。显然这就是大家眼中的典型的坏孩子。妈妈在介绍孩子的这些情况时，既心疼又担心，既害怕又厌恶。

我敏感地问她："我很少听到妈妈会把厌恶这个词用在自己的孩子身上，对于母亲来说不太容易厌恶自己的孩子。你儿子做什么时你会感到厌恶，这个厌恶是从什么时候开始的呢？"

这位妈妈听到这句话后就开始流泪。她说，其实她当初就不应该把这个孩子生下来，结果生下来就离了婚，这个孩子也就没有了爸爸。所以，她对儿子的感觉是非常复杂的，有很多愤怒，也有很多内

疲，又有很多心痛。在这样混合的情绪下，她把这个孩子养大了。直到这几年她发现这个孩子和他的爸爸越来越像，烦躁易怒，一言不合就动手。于是，在原来婚姻里的那些旧恨又被翻了出来，母子关系也跌入了冰点。

当我再问到这个孩子与父亲的关系时，妈妈瞬间转为愤怒的样子，向我历数了孩子爸爸的种种罪行。从最开始结婚就是因为酒后失身不堪压力而嫁给这个不爱的男人，到婚后男人不求上进无法给家庭稳定的支持，再到她生下孩子毅然离婚后他的迅速闪婚，10多年前的事情被非常熟悉地吐出，整个咨询室里被她的怨气填满。而在这整个过程中，儿子麻木地坐着，就好像这些话他已经可以倒背如流，却又毫不在意。

显然，从妈妈的毫无顾忌到孩子的麻木不仁，可见孩子在十几年的成长过程中，一直生活在母亲对父亲的怨恨之中。孩子一直在这样的氛围中长大，要承接母亲的情绪，同时也一直无法再见到自己的父亲，慢慢地就出现了各种各样的问题。

当然，我说这个案例并不是要单纯把孩子的问题归咎于母亲，而是因为像这样离异家庭的孩子出现问题的概率的确会比较高，而离异这个行为本身并不会导致孩子出现问题。对于孩子来说，他的成长需要的是"好"的关系，而不仅仅是"有"的关系。如果孩子的父母原来的婚姻状况就非常糟糕，那离开一段坏的关系对于这个孩子来说是件好事；但问题是离开了一段坏的关系后，仍然让这个孩子生长在坏的关系中，那对于孩子来说就是一场灾难。而这也是我们通常所说的

"离婚对孩子不好"的真正问题所在。

离婚没离干净，最遭殃的是孩子

可以说，夫妻离婚没离干净，是造成离异家庭孩子出状况最多的原因了。当然，这个不够干净并不是指双方在法律上、财产上的不清楚，而是指双方在这段婚姻结束后，带给彼此的伤害仍然在他们的生活和情绪上产生持续的影响，说得简单点，就是婚离了，但是双方都没有做到好聚好散。比如，一方或者双方在离婚后，在心里仍然充满了对对方的怨恨、委屈，可能有一方还有不舍，伴随着种种复杂的情绪。离婚一方对另外一方或者双方彼此，都没有整理好自己的负面情绪，而让影响仍然在彼此的生活中延续，最典型的就是对孩子的影响。

无论是普通百姓还是明星，都存在这样的现象。娱乐圈里的明星在离婚后仍然和平相处的榜样，当属李亚鹏和王菲。但明星中离婚离不干净的负面例子就太多了。我们能从他们彼此纠缠和怨怼的怒气中，看到两个没长大的孩子在街上打架，完全不顾自己和对方的尊严。像这种典型的不分场合、毫无理智地只顾自己情绪发泄的方式，就是这个人的情绪和理智分不开。也就是说，这样的夫妻，他们本身自我分化的功能就是比较低的。

我们都知道一个人的成熟度和他的自我分化程度是有关的，然而在生活中，往往两个自我分化程度差不多的人才容易结成夫妻。但凡这对夫妻中有一个人的自我分化程度稍微高一点，双方都不可能互相"撕"起来。因为那个自我分化程度高的人会想：虽然我现在很愤怒，但是如果我用你对我的方式去对待你,那对我是不会有任何好处的,所以与其这样,不如给大家留一点面子,彼此就清清爽爽干干净净地分手。只有自我分化程度特别低的人,才会恨这个人、不想见到这个人,有很多的愤怒,去指责和攻击对方。换句话说,就是他总是会用各种情绪去跟眼前的这个人纠缠。在这样情绪影响下成长的孩子,首当其冲就成为父母婚姻的祭奠。因为他从小就听到父母双方在自己面前攻击对方的话。而每个孩子都是内心无限忠诚于自己的父母的,所以他的内在就会产生很多分裂的状况。如果他内在分裂的冲突无法得到整合,就可能外化成外在的种种冲突。

怎样的离婚会给孩子造成伤害

理想中的离婚,当然是两个人离婚后仍然像朋友一样,能够彼此祝福,也能继续承担抚养孩子的义务。

现实中,很多情况是离婚后有一方或者双方对彼此多多少少产生一些情绪。如果夫妻两个人分化的程度都比较高,他们能分清楚我的情绪是对对方的,而不是对孩子的,那么他们就能把自己对孩子的情绪和对对方的情绪分开来,并且能把情绪和理智分开来。这样他们可能会呈现的一种状态是:虽然我们两个人还有一些对对方的怨言,但是在一些需要我们合作的事情上,我们还是能够就事论事地去讨论和合作的。如果能做到这一点,对孩子的负面影响就是比较少的。

最糟糕的是两个人成为暴躁的敌人。离婚后,两个人充满了仇恨和愤怒,并且让愤怒毫无节制地间接发泄在孩子身上,或者说离了婚以后因为迫不得已,经常会见到对方,说不到两句就开始彼此攻击。

这样的离异，显然会让孩子内在充满了冲突。

甚至比这更糟糕的是，两个人无法忍受见到对方，会采取一种完全把对方屏蔽的方式，相当于是让对方在自己的生活中消失了。还有可能出现的一种情况是，获得孩子抚养权的一方要么远走高飞，要么在情感上或地域上和另一方完全隔离，让另一方没有机会见到这个孩子；甚至另一方把对对方的恨转嫁到孩子身上，永远也不想见到这个孩子。这种孩子是最容易感觉到被抛弃的，长大以后最容易发展出各种心理问题甚至人格障碍。

以上几个不同层级的离婚，对孩子的负面影响是由小到大的。

怎样的离婚不会伤害孩子

离婚的双方都不要把过多的精力放在过去痛苦的回忆上，否则，你就忽视了当下生活的可能性。人生已经有很多痛苦了，我们不应背负着那些痛苦前行。前任对于你来说，只是感觉认识他，但不爱他，也不恨他，只是尊重他是孩子的另一位血亲，仅此而已。

当你带着积极的眼光去看三五年后的自己，让自己成长为那个更积极的自己时，你积极的力量也会影响到你的孩子。这时，你的离婚不会成为孩子的负担，也不会成为孩子痛苦的开始，而孩子会因为你的选择而成长得更好。

12
对孩子进行性教育，刻不容缓

之前，澳大利亚总理莫里森代表政府正式向曾在十年前遭受大规模性侵的受害者们道歉，澳大利亚最高公共调查机构曾发表了一份历时 5 年的调查报告，该报告详细描述了涉及教会、孤儿院、体育俱乐部、青年团体和学校的儿童性侵事件，而且它们往往可以追溯到数十年前。调查人员在调查过程中聆听了超过 8000 名性侵受害者的证言，收集了超过 120 多万份文件后证实"数以万计的儿童，在多个机构中遭到性侵犯。受害者不仅遭受到了身体上的虐待，许多人还因为精神上的创伤而自杀"。

对儿童及青少年的性侵，无论是在国外还是在国内，其实都在不同区域不同程度上发生着。我们在收到这样的消息后往往会感到愤怒和心痛，也会有很多担忧，我们究竟该如何保护自己的孩子呢？

在性侵案中，我们会发现一个相似的现象，很多孩子是反复多次遭遇过性侵的，他们可能是受到了威胁而保持沉默，但更多的是无知。孩子们并不知道发生在自己身上的事意味着什么，如果侵害者还将这个行为和爱挂钩，那孩子更是会予以默认。所以这就是为什么很多人是在成年后明白当年发生在自己身上的是什么，才站出来举报当年性侵者的原因。

魔鬼伸手的时候，自然会偏向于选择那些缺乏父母关爱的孩子，这样可以使自己的罪行更隐蔽些。但我们在近些年的报道中也不断看到，越来越多的受害孩子出自健康的家庭，只是因为父母很少对孩子进行性教育。我接过好几个个案，当我问及父母为什么不给孩子进行适龄的性教育时，父母的反应大多是"不知道怎么说，我不好意思讲"，等等。在市面上性教育绘本普及的当下，还有那么多父母不敢面对孩子讲述这件事，是因为他们克服不了自己对性的羞耻感，从而才让魔鬼有了下手之机！

各位父母们，克服内在对性的恐惧，对孩子进行性教育，真的是刻不容缓！

吴琼结婚10年了，有一个8岁的女儿，老公对家庭很尽责也很疼爱母女俩，应该说在外人眼里他们家是五好家庭的典范。但吴琼近日走近了咨询室，她搞不明白为什么自己和女儿的关系到了形同陌路的冰冷状态。事情的起因来自半年前。有一天中午午睡，起身后的吴琼经过女儿的卧室时，向虚掩着的女儿房门瞥了一眼，这一眼让她大吃一惊。女儿斜躺在床上，两只手伸进了夏天单薄的睡裤里，小脸憋得通红，双眼紧闭，嘴角微笑，那个神情像极了一个女人自慰的样子。

吴琼被眼前的情景惊呆了，也许真的是被吓坏了，她径直走入厨房喝了杯水试图让自己冷静下来。过了一会儿，女儿可能听到了妈妈在厨房的声音，也从房间里走了出来，但女儿轻松得就像什么也没有发生的样子，还抱着她撒了会儿娇。吴琼木讷地回应着，整个人还处在刚才那一幕的惶恐中。

这之后，吴琼细心留意着女儿的动态。这才发现，女儿会不经意地双腿交叉，不断摩擦着，有时高兴了就会这样做，也有时情绪低落了也会这样做。吴琼的担心越来越多，终于有一天她趁女儿熟睡后，将给女儿学习使用的电脑打开。让她震惊的是，在网页的浏览记录里，竟然发现了很多成人网站信息的内容。她彻底怒了，把女儿的被子一掀，直接把她拖下了床，开始破口大骂。女儿从睡梦中惊醒，从震惊到羞愧，变成了最后的大哭。

从此，女儿被剥夺了使用电脑的权利，也几乎不跟吴琼交流，每天放学后就躲在自己的房间里，中途出来吃个晚饭，然后迅速就溜回房间。老公也感觉这事很棘手，总觉得这件事吴琼处理得不妥，但又不知道应该怎么做，只会一味地指责吴琼这个当母亲的没有教导好女儿。

文化决定了我们的性价值观和行为

如果留意观察你会发现，其实不同的文化决定着不同的性观念。新几内亚的达尼人认为性是不重要的，女人生孩子后需要禁欲5年；维多利亚时代的美国人认为，凡是有性欲的女人都是色情狂；而在中国传统的性文化里，更是将它当作上不了台面的事，如果在家庭中谈性那简直就是不正经。

吴琼是典型的70后，在她成长的时代里，性和其关联的一切都是禁忌，她也把这个禁忌带入了自己的婚姻。虽然结婚10年，但在性的问题上，她一直非常被动，她也会非常刻意地在女儿面前不表达任何与性有关的暗示：当着女儿的面，老公想要搂她时，她就会躲开；当电视里播放男女主人公亲吻的镜头时，她就会立即拿起遥控器换台。也就是说，与"性"有关的一切，在她的家里是不被允许的，是一个禁区。一个步入青春期的女儿，从小在性教育上充满空白和盲点，在生理发展到了相应阶段后，由于没有任何人可以帮助她，她就只能自己探索。而这个禁忌有多大，她探索的动力就有多强。

性脚本影响着我们的性态度

除了社会文化的因素外，每个人内在的性脚本最初都是自己的父母给刻画的。吴琼的原生家庭可以说是相当保守的，而且管教森严，从小母亲就会抽查她的日记，防范她有早恋的行为。小时她也和其他小朋友一样好奇自己是从哪儿来的，结果母亲给的答案和其他小朋友的父母给的答案一样，都是从垃圾桶捡来的。等到青春期月经初潮时，母亲一脸嫌弃地扔给她一包卫生棉。即使吴琼28岁才开始谈恋爱，母亲也规定她必须每晚十点前到家。这一切都让吴琼感觉到，自己的女性身份和性这件事是多么不上台面和令她羞耻。

对性的多重误解才产生了痛苦的感受

许多文化中的性里都包含着这样一个潜规则：所有不生孩子的性都是不好的。于是，性，除了生育，没有其他价值。更不要说像同性恋或者自慰行为了，那是会被很多文化诟病的。其实很多性心理问题来自对性的污名。性本身就具有多重功能，可以为了生育，也可以为了爱情，更可以为了娱乐。如果坦然地接受这样的认知，作为娱乐本身，性没有问题，而由此产生的愉悦和高潮，更是娱乐的附属产品，也不应为此自责。性权利，本身就是你对自己身体的使用权，在不伤害他人的前提下，你想怎么用，取决于你自己。

国内有位心理学的知名老师曾在课程中说过，他在儿子4岁时被儿子问自己是从哪儿来的这个经典问题。当时他就做了一件事，让自己的太太躺在床上，脱下裤子，告诉孩子你是从这里生出来的，孩子明白以后就把注意力转移到下一件他感兴趣的事上了。这位老师的这个让人惊呼大胆的举动，在孩子眼里其实非常纯粹。这个年纪的孩子，对待性就如同对待小汽车或者开关一样，简单到只是一样知识的普及，没有任何更多的情色的色彩。孩子很单纯，想太多的只是大人。

怎么克服对孩子性教育的恐惧

（1）父母调整自己对性的认知，摆正对性的态度。性除了生育，也是爱情的体现，同时也可以满足娱乐的目的。其实，除了人类以外的所有的动物，乳房都只有在哺乳期才会隆起，而只有人类的女性乳房是一直隆起的。这就意味着对于人类来说，性不仅仅只是用来满足生育需要的。而性与爱其实在一定程度上也很难分离，也只有人类，性爱的姿势有面对面，比动物多了更多选择。面对面的性，自然会带来更多的爱。所以，性，更是一种与爱相关的交流和释放。当人类要表达爱的时候，必然会带着一些性信息，这部分根本不用回避。

（2）每个人都有性权利，孩子也是。虽然在文化的建构下，似乎男人有性欲是天经地义的,而女人就应该更为被动,但这只是性别的刻板印象给女人绑上的贞操带。换句话说,女人的性是被父权社会塑造的。如果你认为性是羞耻的,拿不上台面的,只能关起门来表达,那也不是什么问题。关键是,如果你对性的过度掩饰使这个话题成为家族的禁忌,就会错过对孩子的好奇心进行科普的最好年纪。而当今社会与以往年代已经不同了,你在性话题上有多少恐惧,就可能会给孩子的成长带来多少问题。这件事,与其让孩子自己探索或者因为好奇作出什么超出年龄的行为,还不如你自己克服恐惧,亲自对孩子讲解。

(3)性教育是需要沟通和操练的。很多人认为性教育就是扔本书给孩子看,其实这是错误的。没有什么性教育,比你和孩子共同探索来得更有益。

①借助性教育绘本。孩子在不同的年龄阶段,都有相应的性教育绘本,比如适用低龄儿童的《小威向前冲》《乳房的故事》《小鸡鸡的故事》,适用青春前期儿童的《和妈妈一起看的性教育绘本》《不要随便摸我》等,这些都是近些年来很优秀的绘本作品。你要做的只是在睡前拿着书,用淡定的语气跟孩子娓娓道来,就像是在讲《卖火柴的小女孩》一样。

②帮助孩子了解他的身体,进行性边界教育。你可以在和同性孩子洗完澡后以展示自己身体的方式跟孩子说明性器官的用处。它们是我们身体的组成部分,也会有非常大的作用,我们要爱护和保护它们。在了解身体的同时,你可以告诉孩子,哪些部位是除了他自己之外,任何人都不可以触碰的。

③对即将步入青春期的孩子进行性保护的教育。希望每一位妈妈，都能像解释卫生棉怎么用一样，教给自己的女儿避孕套要怎么用。当你的态度只是在陈述事实时，你不用担心孩子会将其解读为一种性鼓励。

④建立坦言的机制。跟孩子沟通好，如果他在外遇到任何奇怪的事、奇怪的人，一定要第一时间去求助，回家后也要及时告诉父母。不管自己有没有做错事，坦白告诉父母都是最重要的事。

我们一直以来对这件事备感害羞，可能都源自对它的错误认知。当我们越来越客观地看待这件事，了解到这是生而为人的基本权利，也是生而为人的快乐之一时，我们就会越坦然面对。最关键的是，我们自己逃避面对，可能会对孩子造成伤害。所以，以防万一，从现在开始教育孩子吧！

第三章 如何疗愈原生家庭创伤

01
"学习了很多道理，依然过不好这一生"的解药

我们在进行心理学的普及工作中，经常会遇到很多这样的学生。他们往往会追着我问一个问题，就是学习了很多年的心理学了，自己在生活中似乎明白了一些道理，但是生活却没有任何改善，该焦虑的依然焦虑，仍然会跟原生家庭冲突不断，对自己的老公、孩子还是有无比的控制和抱怨。

小A就是这其中的典型代表。让我惊讶的是，她学习心理学的时间比我还要早，甚至她取得国家级的资格证书比我还早两年。但这么多年过去了，她似乎仍然没有把自己的问题解决掉。她不仅仅自学心理学，而且也尝试约了一段时间的心理咨询。在做心理咨询的过程中，她也同样面对了童年给自己带来的问题，她得到了很深的领悟。半年之后，她认为自己的心理症结得到了解决，就单方面停止了咨询。

因为问题一直在生活中反复呈现，而处于青春期的女儿的各种表现又让她不得不回头再去面对自己的问题，所以她像是带着一种救命稻草的心态来找我。小A和普通的来访者不太一样，因为她深谙心理学的理论，所以她会分析自己、分析女儿、分析老公，在分析整个家

庭的系统动力时头头是道。这令我在最快的时间就了解了她头脑中的问题症结。

但在沟通的过程中,我有一个很深的感觉,就是信息好像是从四面八方涌向了我,而当我要深入地去了解任何一条线索时,往往她又急着带我去看其他线索。在咨询中,我把这部分感受反馈给她,试图探究是什么致使她会在想要跟我表达一件事情时就自动转移到其他事件上,也就是在她转移话题的那一刻,她的内在发生了什么?

显然小A是一个非常焦虑的人,但她的焦虑有一个非常明显的模式,就是她会不断地进行"自我打断"。她对老公曾经的婚外情避而不谈,但她总是能从一个话题跳到另一个话题,而让对方觉得她总是在扯旧账。当我们在进行深入探索时,发现小A不仅仅对别人会这样,对自己更是如此。

也就是说,她的内在经常会发生这样的对话:当她刚要对自己说,我好像对一件事情有些担心时,另一个声音就又会说:算了,别管它。

这样的一个对话,可能发生的时间只有一秒,甚至一秒都不到。时间久了,她的内在就有很多的情绪被卡住了,所以面对很多情况时,她明明是恐惧的,但潜意识又害怕那份恐惧,于是她总能将自己的思维自动转移到别的事情上。所以,恐惧的情绪只要一直在,她自动打断的思维就会一直持续,而对方也依然会觉得跟她无法沟通,致使感情仍然无法恢复。

改变人生的是情绪，而不是道理

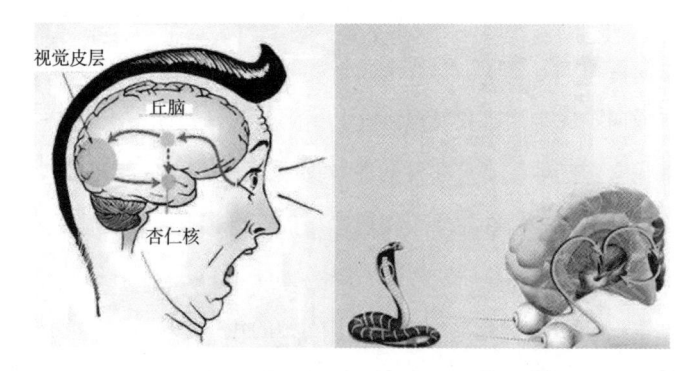

负责我们原始情绪中枢的是我们头脑中的杏仁核，它自动化地处理我们的情绪。杏仁核可以保护我们的一些原始恐惧，也就是说，从远古时期，我们的祖先面临很多生存危机开始，杏仁核就一直在运作着。当我们看见蛇时我们会立刻跳开，看见悲伤的电影时我们会自动落泪，当别人袭击我们时我们可能会立即逃开。这些遇到压力时的情绪自动化反应都会在我们的杏仁核里被储存。

我们情绪引发的身体反应，影像、嗅觉、触觉等记忆都被储存在了杏仁核里。它记下的并不是关于事件的具体内容。它就像是一种情绪的警报一样，当生活中遇到与记忆里相似的情绪刺激时，它立刻就会铃声大作，带出和过去相关的强烈的情绪记忆。

当我们去探究小 A 这样自动打断的思维模式时，我帮助她聚焦在她的身体感受上，去回忆储存在她的杏仁核里记录的情绪。她出现了强烈的躯体反应，接着开始崩溃大哭，因为她仿佛在眼前看见了自己小的时候。爸爸和妈妈之间实施激烈的语言暴力，而小小的她当时害怕地抱着根本听不懂话的弟弟，为了安慰他，只能拿着漫画书给弟弟讲解，就好像外面什么也没有发生一样。小A说她做了无数次的分析，但从来没有想过自己的自动打断的思维，竟会和小时候父母之间的语言暴力相关。这似乎是一个认知层面，也就是左脑思维无法解释的问题。而我们的情绪脑，也就是我们的右脑，却将之联系在了一起。因为"恐惧"这个核心情绪将两者联系在了一起。

而这又如何影响了她之后的生活呢？

大脑记录情绪和行为的模式，并把它们放置在记忆里，转换成特定的精神状态，我们会不自觉地记住某些事情给予我们的感受。一旦类似的外在事情发生，与此相匹配的感受就会被唤醒，也就能激起那时的精神状态，成为大脑的"默认状态"。

拿小A来说，小时候父母之间的吼叫让她感到恐惧和无助，而她面对的方式就是转移注意力。多次的反复后，她的大脑就会把这种面对恐惧时标记的神经通路记下，同时也异常活跃，很容易被触发。因此，当她的老公声音稍稍高了一些，她的那个神经通路就会被激活。这唤醒了她幼年面对父母吼叫时的那种感受，激起了恐惧的情绪，因此，她又一次采取了原来的应激反应：为了阻断恐惧而转移注意力。

这样的次数多了，当核心的恐惧情绪被激发时，大脑就熟门熟路地转移了话题。这使她无法专心做事，更别提深入思考了。

用一句话总结就是，小A虽然学了很多东西，但仍然处在认知层面，即便是有所领悟，但也是认知层面的领悟。而决定一个人在应激状态下的原始的情绪反应，才是需要去改写的路径。

只有改写情绪记忆，才能改变人生模式

心理治疗中的 EFT 流派创始人格林伯格研究发现，情绪的探索、唤起、表达和转化是心理治疗能够有效果的关键因素。因此，EFT 关注的是治疗师如何与来访者的情绪"有效"地工作。

我将 EFT 治疗中的精华步骤提取出，以帮助你改变并不特别严重的情绪阻碍问题，通过多加练习，你原有的思维模式将得以改变。

第一步，自我发问置换左右脑。当一个人处在情绪状态中时，她的右脑完全沉寂在旧有模式通路中，所以要问问自己"发生了什么事""我在担心什么"？如果严重沉寂在情绪中，就强迫自己做算数题，100-7 等于多少，93-7 等于多少，这样一再循环下去，给自己一个从当前高压情绪中冷静下来的机会。

第二步，聚焦身体感受。看看身体哪个部位感到了情绪和压力，然后把注意力集中在压力上，进行几轮深呼吸，直到内心更加平静。

第三步，自问"我需要做什么"。采取措施来满足自己的需要，比如与伴侣共进晚餐等。一旦你开始感觉良好，就意味着你有能力更好地解决问题。

这个办法之所以有效，是因为一个人不可能同时拥有两种情绪状态。所以一旦你开启了轻松、幽默的右脑模式，就能很自然地驱赶焦虑、愤怒或恐惧，进入一种平静的状态。当你的大脑满意这种沉稳的状态，这种状态就会保持得更长久，进而成为你内在的"默认状态"，使你能更好地控制自己。

但如果你在童年时，有过像小 A 这样的一些创伤性的体验，而现在又在生活中不断重复时，那么你可能就需要寻找治疗师，以情绪聚

焦为工作方向去做治疗，让以往的情绪记忆彻底改变。植入更多新鲜的情绪记忆，从而改变自己的老旧模式。

要相信，我们的大脑是可以被训练的。它是我们思维的牢笼，它的影响更多来自原始情绪对我们的控制。如果你一直在成长，却一直未改变，那么请你一定要记得，现在是对你的情绪开始工作的时候了。让我们带着觉知，用我们的智慧去训练和控制我们的大脑，让大脑进入最好的状态，从而改变自己的人生。

02
我的情绪为何总是无法打烊

案例一

陶阳24岁,大学毕业后工作才两年的时间,但人际关系的问题已让他苦恼不已。其实陶阳也知道,对于他这样刚刚参加工作的年轻人,最重要的是,先要跟同事们搞好关系,无论是年长的同事,前辈,还是公司的领导,以及和自己一样的毕业生。只有在公司里搞好人际关系,站稳脚跟,才谈得上发展。令陶阳感到非常痛苦的是,虽然他内心非常想跟同事搞好关系,但却总是因为工作中的一点小事而愤怒。比如,同事没有经过他的同意就拿走了他的笔,或者同事直接拿起他办公桌上的座机就打电话。其实说白了,这些也不是特别大的事儿,但同事们总是反馈陶阳的反应过激,因为一开始陶阳只是脸上写着不高兴,并提醒对方要先打个招呼,但最近陶阳竟然因为类似的小事件在办公室暴怒起来。直到此时,陶阳才意识到问题的严重性,所以前来求助。

案例二

林玲36岁,未婚。她也有控制不住愤怒的烦恼。她是高知白领,一直以来觉得自己是个女强人,强悍而雷厉风行的作风让她一路顺风顺水。但最近她的团队越来越松散,人员流失率极高。关键是她的硬派作风似乎越来越不管用了。以前她说到一个细节,只要怒目圆睁,或者拍一下子桌子,员工的不同意见就会立即统一。事实证明她的决策是对的,而她用这样的方法节省了很多去说服执行层的时间,从而提高了效率。但随着90后越来越多,大家对她拍桌子瞪眼这一套完全不买账,哪怕她已经位居公司副总,公开不买她账的人也越来越多。

当我在和陶阳谈论他的愤怒时,他由自己身体的感受想到了一件事情:他的妈妈总是会不敲门就走进他的房间,或者是在他不在时,就把他房间里的东西都收走,甚至把一些东西直接处理掉了。妈妈认为那些东西可能是没有价值的,但是陶阳会认为那些东西对他来说非常重要。他一直以来感受到的是,他的边界不断地被侵犯。而在生活上出现类似边界被侵犯的事情时,他的愤怒就容易被挑起来。

林玲知道自己的拍桌子瞪眼表达只是一种威胁,而她习惯了用这样的愤怒得到自己想要的成果,因为这个方法最节时高效。当追溯她为何要使用这种方法时,她发现从小到大,自己被家里四位老人宠溺得只会用这一种方法达到自己的目的。她深深地记得,小时候想买芭比娃娃时,一开始她会哭着要,到后来她学会了发怒,不管是哭还是发怒,都非常管用。她总是能一次次地得到自己想要的。在成人的世界里,哭泣不是随时可用的方式,于是她就习惯了用愤怒来达到自己的目的。

我们会看到陶阳和林玲在当下生活中所经历的事件和他们的情绪

是不匹配的，也就是他们的行为反应对于当下的场景是不适当的。不止陶阳和林玲，我们每个人或许都发生过类似问题。我们当下对一件事情的情绪反应与其给我们的刺激是不匹配的，就好像自己有一个情绪开关被按起了，致使自己的反应过大，而这样的后果是直接影响了自己的人际关系。

我们把这样的情况叫作情绪体验失调。

情绪为何会失调

讲到情绪失调的原因，我们必须了解三种不同的情绪。

第一种叫原发情绪。就是一个人在经历一件事情时，他的情绪和他经历的事件是相匹配的，他的情绪是鲜活的，饱满的。比如，失去心爱的人时，他会感到悲伤；受到别人的侵犯时，他会感到生气；遇到威胁时，他会感到害怕。这类事件的刺激大小与情绪强度相符。

第二种是继发情绪，也叫对情绪的情绪。由于文化和家庭教育的原因，有很多人不能如实地表现内在的情绪，情绪就会以另外一种情绪形式展现于外，且成为一种当事人意识层面无法觉察的固定反应模式。显现于外的情绪即为继发情绪。

例如，有的女性被文化教导要隐忍，于是她应该愤怒时，却用流泪来表达；又比如，一个男性遇到了某事明明应该伤心，但因为"男儿有泪不轻弹"的信念深入骨髓，却直接表现为愤怒。

再如，一个女性发现老公有外遇时，她的反应如果是震惊或伤心，这是原发情绪；但如果是愤怒，这就是继发情绪。她是在用愤怒去遮盖悲伤。

案例中的陶阳，小的时候被妈妈不断地闯入房间，他的原发情绪是羞耻。由于他一直被侵犯边界，于是他的愤怒就成了他的固定反应模式，在生活中有相似的事件发生时，他的愤怒就轻而易举地被唤起了。

第三种是工具性情绪。这是指为了特定的效果而表达的情绪。有的人会动不动就发怒，胁迫别人；或者动不动因一点小事就哭，使别人同情她。如果一个人在成长的过程中经常使用这个工具性情绪，那么这个情绪最后就会变成他人格的一部分，要么表现得特别霸道，要么就是过度戏剧化。

案例中的林玲使用的愤怒就是工具性情绪。除此之外，我们在咨询中还发现，有的来访者会用叹息来获得别人的注意，这也是一种工具性情绪。生活在工具性情绪身边的人，要么会感觉到厌烦，要么就因感受到被操纵而吓跑了。

情绪是一个人修通的指针

同样是愤怒，我们要识别你的愤怒属于哪一种情绪。如果我们只是在继发情绪和工具性情绪上做工作，那么这在根本上只是在做表面文章。比如，陶阳在当年感受到是边界被侵入的羞耻感，但如果只是针对他的愤怒做处理，那是没有意义的，他必须看到自己的羞耻感这样才能进一步治疗；而林玲要意识到她一直卡在了她的工具性情绪里，她需要重新体会小时候的要求被拒绝后的失望，这样针对失望后的无力感做疗愈才有用。

我们在咨询中经常会遇见有的来访者一直在讲他认为很悲伤的故

事，一刻不停地讲，但他却没有表达出任何悲伤。或者有的来访者表现得泣不成声，以至于我都听不清他到底在表达什么。我们的工作目的就是让这个人可以恢复到一边讲故事一边流泪的状态，也就是说使这个人当下的情绪和他的状态是相吻合的，将这个人的继发情绪和工具性情绪都调整成他适当的原发情绪，从而帮助他更好地协调当下的生活。

很多时候我们受困于情绪，但也错过了情绪送来的信件，我们只是在一味地单调重复着我们认为好用的或者只是习惯的情绪。如果我们能带着好奇去研究一下自己的情绪缘何而来，属于哪一种情绪，而最初受伤的我们需要什么时，那么，也许才能帮助我们打破这个情绪的强迫性重复。

03
我们要和解的是父母还是自己的感受

我已经两年没有见到父母了，满怀着期待和小小的激动，在大年初三的中午我终于与家人团聚了。中国人的家庭，体会爱的地方就是饭桌，一家人围绕在一起，推杯换盏，在唇舌间品味着妈妈的味道。在爱的记忆被唤起时，与成长相关的其他记忆也被一并唤起。

在边吃边聊中，妈妈因为一个话题，半嗔怪地拿食指戳了一下我的脑门。在她有力的手指触到我皮肤的那一瞬间，与这个接触相关的所有的感受一下子从我心底涌起，瞬间就淹没了我。我的笑容和身体还在机械地应承着眼前的交流，因为我的意识告诉我这只是妈妈的一个习惯性的动作，她并无恶意。可身体的记忆远比我想象得强大，那些储存在潜意识里的与这个动作相关联的指责、评判、嘲笑都像放电影一般跳出来，一幕幕出现在我脑海，将我硬生生地与这个团圆的饭桌隔离开来。

在中国人集体潜意识的带动下，似乎只有吃大餐喝大酒才是过节的标志。于是过年期间，我每天都被各种大餐填满，吃到第三天就已经招架不住了，感觉满头满身都是羊肉猪肉的味道。又由于风俗的关系，东家请完西家还要请，本来我满心期待地想和父母聊聊家常说说话，却一直在疲于应付亲戚间的各种宴席。终于我的身体首先发起了阻抗——头痛。再加上喝各种酒，外加生理期临近，头痛到想要撞墙。

这拨轮到父亲"撒盐"。

父亲之前已经答应了自己老同事的回请邀请准备赴宴，但由于身体不便无法参加，强调我必须去，不能驳了对方的面子。我一再表示自己的头太疼了，想好好休息，但父亲言辞激烈，不依不饶，再三强调头痛算什么，忍忍就过去了，不能这么不懂事！父亲一字一句地说着，此时此刻对我的疼痛的否定和因为不能满足他的期待而给我的评判，瞬间再一次唤醒了我从小到大被忽略的那份感受。只是与上次不同的是，这次我看着自己的这份感受慢慢地升起并与自己同在，却没有让它肆意淹没我。虽然我还是不情愿地抱怨："我的身体重要还是面子重要？！"但在我掂量完吃饭并不会加剧我的头痛后，我还是答应了赴宴。

回家这几天，每晚入睡前，我都会将白天所经历的那些小细节和感受再回顾一遍，同时伴随着从小到大积累的委屈和愤怒，我不断地问自己："为什么你最后又忍着疼痛去赴宴了？为什么以前和父母的互动中你不会流露出这么多的脆弱？"

我想了想，顿悟道："我好像真的明白'和解'是怎么回事了。"

我们的父母是怎样的一群人

为什么要和解？因为代际冲突从未像我们与父母这一代如此突出；谈到与父母和解，前提是对他们要足够了解。

我们的父母基本都是40后、50后，他们是"红旗下的一代"，同时也是"被耽误的一代"。他们的父母接受的是传统的民国教育，但在他们的成长过程中，那套教育并未跟得上时代的发展。

我们经常会看到这个年代的老人在微信朋友圈里转发的都是一些揭露骗局的文章，在他们的眼里，"不安全"是一种常态，信任是个很昂贵的产品，所以他们就将能"相信"的理论一辈子抱着不放。由此可见，这代老人具有非常明显的"二元对立论"，那种对一些概念根深蒂固的非黑即白以及整齐划一的价值观，是集体主义教育的结果，在他们的世界里总会有"是非对错"，处理问题也很少有折中或妥协。同时，在整个成长的过程中，他们是不被允许表达真实的自己的一代，不要说感受，就连想法都不能真实地表达，要生存，宁愿千篇一律地对外人好，对家人稍微狠一点也没有关系，毕竟顾全大局才能活下来。

由于物质匮乏及其他动荡经历，他们会特别追求稳定，凡事也以有用无用去判断是非利害。我在选专业时，父母一再强调做个会计可以有一辈子稳定的工作，即使退休还能被返聘；除了教科书之外的所有的书都是无用的，所以只需要做好学习这一件事情就可以。于是我们这一代人到中年后，很可能会面临从事的职业并非自己内心真正想做的事的冲突，或者现在对各种无用知识的极度渴望。

他们是有爱的，尤其是对孩子。只是在成长过程中他们不被允许"看见"感受，不被允许有自己独特的"需要"，他们在抚养自己孩子的过程中自动把这些阉割了。由于他们从小经历了物质匮乏，他们认为对一个人好的最高境界就是吃好喝好；也由于他们要一直服从集体利益的需要而淡化个人需要,所以他们触摸不到我们内在的情感需求,正如他们屏蔽了他们自己一样。

70后、80后们成长起来的时代,是渐渐多元化的时代,就拿婚姻这件事情来说,不仅晚婚晚育越来越普遍,而且独身、丁克甚至同性配偶也慢慢被大家接受。但父母一代由于受集体主义的影响,仍然以爱之名控制着想要独立的子女,他们生怕自己的孩子与别人家的孩子不一样,于是年年上演逼婚大战。而"只要学习好,别的什么都不要管"的一代在长大后明显又缺乏独立性,他们再次认同了父母所投射的个人无能感,很多人也很难离开原生家庭,即使组成了新家庭,在心理上也无法断奶。但在成长的过程中,越来越多的人认识到原生家庭对自己成长的影响大到远超想象,于是又会回头埋怨父母对自己人生的负累。由于40后、50后所经历年代的不可复制性,又由于70后、80后经历了中国历史上经济发展跨度最大的年代,这两代人的代际冲突可以说是前无古人后无来者。

和解的前提是将父母给我们造成的不良感受和他们本人分开

我们之所以难受,是由于我们知道父母的内心其实是爱我们的,而我们在成长过程中违背自己的意愿去满足他们,也是因为我们太爱他们了。但70后、80后们也在自己的孩子身上,看到了儿时的自己;也在自己的亲密关系中,看见了原生家庭给自己打下的烙印所形成的那些卡点。最明显的就是那些无法打烊的情绪,它们都是储存在身体里未曾被看见和疗愈的伤痕。所以,我们必须改变,好让轮回不再发生,好让自己的情绪渐渐平和,好让自己的婚姻生活可以换一种与父母不一样的过法。

可我们如果仍然一味地埋怨父母,那么不但不能更新他们的认知,反过来还会增加自己的愧疚感。并且一味地过度纠缠,仍然是将自己放在了一个孩子的位置,这样就无法从心理能量上拥有真正的成人的力量。

所以,和解从未像现在这样紧迫。

问题是,如何和解?

在"和解"这条道路上,我也摸索了很多年,所以并不是说一个心理学从业者就得是一个完人,而且和解并不是突然发生的,它需要前期大量的心理建设。我这次回家明显地感受到,我们要和解的可能并不是我们的父母,而是我们那些似曾被疗愈的感受。

首先,要觉察。当你无法辨别自己的情绪是原发情绪还是继发情绪时,到与父母的互动中去看一看,往往第一感受都是原发性的情绪。对自己的情绪要有鲜明的觉察力,父母说了什么或做了什么能让自己又升起那些熟悉的感受,而眼下对那些感受要负责的人不是父母而是我们自己,毕竟掌控回忆的人是我们。如果我们只是肆意地把这些感受一股脑儿以指责的姿态扔给父母,那么,他们或者就会完全无法接受,或者因自责而增加我们的愧疚。也就是说,我们要自己对过去的恐惧负责,而不能用它去惩罚现在的身边人。

但我们心里升起感受的时候该怎么办呢?以往我的处理方式也和父母对待我的感受的方式一样:逃避、转移或者压抑。没错,也就是采取了某种防御阻止我的原发情绪产生。而那些原发性的感受却又是实实在在存在的,不去疏导就会堵得我们难受,最直接的受害者就是亲密关系里的另一半，因为迟早这份讲不清楚的难受就会被对方挑起，而一股脑儿算在他的账上。所以，最好的方式就是将这份脆弱表达出来。如果你有一份安全的亲密关系，你可以向你的伴侣述说，或者你可以向一个完全接纳你的朋友诉说，也可以寻求专业的心理帮助。在我们把脆弱表达出来后，这份被压抑的脆弱在我们的心理层面就减少了。

其次，看见真实的父母，接纳那个爱我们的存在。当我们看到父母笨拙地以伤害的方式来跟我们进行链接时，尤其是连爱都用评判、否定的方式表达出来时，我们要有能力看到，这是他们这一代人所学会的方法甚至是生存的模式。如果能够把父母错误的行为和他们本人分开，把他们对我们的伤害和爱分开，就代表我们不再是一个孩子的状态。而我们要把精力放在自己的持续成长上，改变我们从他们那里学来的对待家人的错误的"爱"的方式，用对的方法去学习和表达"爱"。如果我停留在母亲的那个代表我儿时被指责的动作里，那我就看不见这是母亲来表达爱意的为数不多的方式。如果我不能接纳父母这一代人的集体主义思想，那我就不能理解他们的行为。只是，我可以接纳你的历史遗留问题，但我也要表达你对我的行为所带来的感受。

接下来，我们要认识到，自己的先天个性是会放大不良感受的。在家乡的几天，静下来后，我发觉，也许当年在经历那些陈年往事时，小小的我就一直沉寂在那样的不良感受里，所以我会把这些感受不断地放大，放大到湮没了我的世界、刻进了我的记忆里。有许多案例证明，同样的家庭同样的教养方式抚养长大的孩子，对父母的感觉会大相径庭。在这点上，我也要有所觉察，时刻提醒自己。

再次，我们要打破原有的模式，自己走出青春期的固着状态。其实，我经常看见一些如我父辈的老人们在谈到他们的父母时也会咬牙切齿，可能他们也还停留在青春期的反叛阶段。时代变换，外在世界的压力很容易让我们心理退行，当我们发现自己的失败与父母在成长过程中给我们造成的问题有关时，如果一味地停留在埋怨父母上，那我们在心理上就被阻滞在这个阶段。

由于在原生家庭中的感受被忽略的影响，我在自己成人后的关系里也会重复体验相似的经历。按照旧有的处理方式，当我不被看见时我就会压抑自己或者转移感受，而这个动作又让我重复体验到了不被爱的感觉，不管我有没有向对方抱怨，我都处在一个青春期固执的状态。但我也可以有选择，将被忽略的感受和这份脆弱直接向对方表达出来。这就是打破了原有的模式，是一种成人对自己的感受负责的态度。当然，我不建议你在确实严重偏执的父母面前这样做，因为那样只会加深他们的不理解，也许你以后会有机会表达，但这的确需要时间。

所以，我一直认为，最好的疗愈其实就在亲密关系里。当你被另一半深深理解时，这份理解就是疗愈。

有一年春节，我去看了电影《乘风破浪》，恰巧也是一部父子和解的影片。与父母真正和解，并不是要抱怨他们曾经对我们的伤害，而是到他们的历史背景中去理解他们，看见他们对我们生命的影响，去终止这些影响在我们人生中的负面作用，去学习和成长，去不断地突破自己。

141

在呼和浩特转机时，我拍下一张照片。一架飞机刚刚降落，天空中还留有它深深的痕迹，而另一架飞机正处在起飞的过程中。两架相似的飞机却在天空中开启不同的旅程，它们不会有交集，却又同属于一片天空；降落的飞机的任务是安全降落，而起飞的飞机的任务是安全起飞，开展新的征程。

04
我们人生的不完整，不能再向母亲去要

案例一

姑娘20岁，一眼望过去，除了臃肿的身材，就是凌乱的长发下一双暗黑的眼睛。我知道这两个黑眼圈一定有很多故事，但时不时地被眼白抢了戏。

坐下来不超过十分钟的时间里，这姑娘就冲着她母亲的方向翻了七八个白眼。

她的母亲就坐在她边上，两腿靠向一侧——门的那一侧。

母亲："你不去上班也就算了，一天到晚好吃懒做，还乱发脾气，这根本就不像一个正常人好嘛？"

女儿："那你怎么不想想我为什么会这样，你一天到晚盯着我，我哪有空间做个正常人？"

她们俩其实都在跟彼此说话，但眼睛却没有在一起，而是直愣愣盯着坐在她们对面的我。看着她们俩的神情，有一瞬间我有点恍惚，如果我们的咨询被拍下一张照片的话，放大看，母亲的眉头与女儿的眉头应该是一模一样的。

她们的对话就这样一来一去。在母亲开始说一些担忧和抱怨的话时，女儿第一瞬间就立即反驳回去，然后母亲再扯一个话题，女儿再回击。

静静地倾听了几个回合后,我开始叫停。

我面对女儿说:"你口口声声说要空间,但妈妈只要一说话你就反驳,你想要的空间在你张口的那一瞬间,就被自己剥夺了。"

我对母亲说:"你来咨询是因为女儿情绪不稳定,而且有轻生念头。可你也看见了,你越担心女儿,女儿越没空间,越想死。"

母女都陷入了沉默。

案例二

在一次团体治疗的课程中,有一个女孩想起了自己的母亲后突然情绪激动,老师便让她选出另一位同学去代表她的母亲,来一起做个练习。这个女孩示意被选出的代表母亲的同学坐得远一点再远一点,直到视线被另一个同学完全挡住。

她嘴里不断地念着:"我不想看见你,不要看见你,你离我远一点!"

就在她的"母亲"被完全挡住的一瞬间,这个女孩的眼泪如河水般刹那决堤。

当老师采访这个"母亲"代表的感受时,她对着这个女孩说:"当你让我坐得远一点时,我有些愤怒;可是当我完全看不到你时,我以为我会伤心,但我好像只是害怕,我怕你,我不敢看你。"

听完,女孩瘫软在座位上,泣不成声。

女儿与母亲的和解之路有多难走,每对母女都清楚。

铺天盖地的心理学普及文章填不满我们心底里的黑洞，我们中的一些人意识到母亲的担忧变成了我活不出精彩人生的诅咒；意识到在无意识中我们重复了母亲的人生以表达对她的忠诚；意识到自己除了对抗和攻击什么也不会，就像母亲一样。

在这个允许表达恨的年代里，我们有网络、有课程、有咨询师，可以把我们压抑的愤怒甚至恨表达出来，因为我们看见这些情绪对我们人生的影响。

因为那些恨，让我们不自觉地就投射满满的怨给身边人；

因为那些认同，让我在关系里卑微地祈求男人的爱；

因为那些缺失，让我们不习惯在亲密关系里展开双手去接受爱。

这是一个必经的过程，我们看见了伤害，以及伤害后对我们的影响，我们必须去表达对这个伤害的愤怒和恨。

如果恨不能被充分地表达，爱就永远没有机会进来。

比不表达更要命的是，我们压抑着自己的恨意，维持着表面的孝道，过着拧巴的人生。

但是，表达并在于语言，也并不在于要面对这个曾经给我们造成影响的这个世界上我们最爱的女人。表达，可以只是看见，看见那些影响确实存在，然后找到合适的途径说出来或者写出来。

当我们在童年时期该有的心理发展停滞后，在那个停滞的地方就会形成一种应对机制，久而久之，这个应对机制就构成了我们应对外部世界的防御。

在亲密关系中，伴侣唤起了我的不安全感，于是我的防御就是不断地攻击，而这样的攻击又唤起了伴侣的防御。于是我们两个人在防御层面彼此斗争，却不敢轻易先卸下防御去展示自己的爱，因为穿上防御我们都很擅长，那是我们从小就穿在身上的铠甲。

最初的防御来自早期的母婴关系。

如果婴儿时期，我们在母亲的怀里体会到的是积极的关注和温柔的呵护，那么这份安全的依恋也会被复制到爱人的怀里。

但有时候，由于种种限制，母亲的焦虑或心有所虑，让幼小的我们体会到的是不被关注甚至是不被爱，然后我们幻想自己变得更好，母亲才会爱和关注我们，或者用各种恶作剧才能吸引母亲的目光。不得不说，这一招很有效。

这就是我们最初学会的防御。于是我们就简单地"复制""粘贴"了这种模式。

可人生不是单线程工作，关系也不是。

母亲和婴儿之间的配合度确实非常有助于婴儿的成长，但比这更重要的是，婴儿先天的性格和母亲天生的母性能力的互动。

事实上，母亲和婴儿是一个相互作用的系统，在这个系统中，一个人的行为会不断影响和强化另一个人的行为。因此，孩子对母亲的影响可能反过来会影响到母亲对孩子的反应，从而影响孩子的后续发展。而如果一个母亲的性格不良，就不利于孩子的照料和其发展，病态的孩子又会加剧母亲的坏脾气。因为这是一个循环—封闭系统，所以最终的病态关系不能归因于任何一个人。

有三个相互作用的因素影响着人格的发展：天生的倾向、发展的影响和个体经验。天生的倾向就是我们每个人先天的性格。在之后的成长时期，我们在人生的每个阶段都有自己的心灵成长任务去完成，如果完不成或有缺失便会在那个阶段停滞住，而我们与重要的他人的互动又强化了我们的个体经验。

这一系列活动就构成了一个心灵结构，也就是人格。

我们能从这三个因素中看到，后两个因素与母亲有关，而在一定程度上，后两个因素又取决于我们的先天倾向。

如果一个人天生敏感（先天倾向），再加上看父母脸色长大（发展的影响），那么他与重要的他人的互动形成的经验是：我是不被爱的、低价值的（个体经验），这样产生的防御行为就是退缩的、拒绝的——在亲密关系里，不被爱的感受一旦被唤起，便会主动切断关系，推开对方。

当我们过于强调父母的影响时，我们会选择性地忽略自己的先天倾向，而很多喊着要与父母和解但总是进行不下去的人们，可能最终都是因为卡在了没有渠道去释放那些负面感受以及不敢面对自己的先天倾向。

我们永远没有办法说妈妈和女儿是什么样的关系，因为我们是世界上最爱彼此的人，所以，也可能会是最有能力伤害彼此的人。我们的大半生或者一辈子可能都无法理解对方，我们只是相爱，但是并不真正了解。

只有当我们彻底接纳自己的人生后，笼罩在自己母亲身上的雾才会渐渐散去。我也经历过这个阶段。当我开始接受我的母亲就是这样的人，与隔壁的阿姨没有区别后，我开始关注她究竟为什么会说出让人伤心的话，产生那样的行为，而不再把关注点放在她怎么又说那样的话、产生那样的行为上。

拿一件小事来说。

曾经有一次，我母亲突然问我，我的伴侣与他的前任是否还有联系。我奇怪她为什么会突然问这个问题，她很神秘地说："男人啊，不得不防。"

在那一瞬间，我先是感觉很荒诞，随之而来的是愤怒，这是一种从小就被我看不起的愤怒。当我看见这些感觉流过我的内心后，我对她的这个问句又产生了好奇。

在稍晚些的时候，我跟她随意地聊着天。当跟我说起我帅气出众但身体不好的父亲时，她说了这样一句话："也就是你爸身体不好，否则他肯定会有别的女人的。"

显然，她把自己的不安全感妥妥地投射在了我身上。而之后聊起我的外祖母时，我就更明白了这样的不安全感是如何代际传承下来的。

如果我还是停留在以前的阶段，因为她说的话而生气，那我就永远没有机会去看见真正的她，那个脆弱的她是如何艰难地一步步撑着长大的。

很多人应该都像我一样，忘记了在"母亲"这个角色的背后还有母亲她自己。

和父母和解的话题，总是一次次成为老生常谈。

我们先把和解的目标放一放。其实，如果你愿意活在童年的创伤里，那么不管你做多少心理治疗或者上多少成长课，你都可能会面临三种结局。

一是修通障碍、重建了关系，这是比较理想的状态；
二是与母亲恢复了关系，但无法像其他母女那样保持亲密；

三是母亲真的太过糟糕，你和她无法达成和解，但你可以让她不继续影响你的生活。

这三种结局没有对错或优劣，都取决于你自己的成长阶段。而我不愿意看到的是，明明可以形成第三种结局，你却花全部的力气往第一种结局上靠；同时，我要与你分享的是，我以为我会永远是第三种结局，但我真的通过自我成长就走到了第一种结局。

天下万物的来去都有它的时间，母女关系也一样。

接纳自己的先天倾向，是和自己和解的第一步，如果把这步绕过去，那么和解终究还是表面文章、天方夜谭。

给大家推荐一部老电影：《喜福会》。

影片中，母亲们以自己的聪明才智对自己的命运进行了抗争，为自己找到了自由，而她们给女儿们的心理造成的创伤，却令女儿们找不到自己。结果，四个女儿都走了弯路，或者婚姻不幸，或者生活失去目标。她们一直都在为别人活着，或者是为母亲，或者是为丈夫，而从未想过按自己真实的意愿去活。

母亲们后来意识到了这种伤害源自自己过高的期望，或者自己残缺的人格对女儿的影响。后来，她们向女儿们伸出了手，鼓励她们。

影片中的背景不同、文化不同，结局设计也不同。

而我认为，在我们的家庭中，最先伸出手的，应该是我们这些女儿们。

05
和解前提：了解家庭现状，找出自己与父母的关系议题

当我们谈到原生家庭和解的议题时，很多人可能都会觉得我和父母的关系很好，我们没有矛盾，我不存在和解的议题。

这里就必须谈到，其实我们每个人多多少少可能都和父母存在着某种需要去和解的议题，有时是伤痛疗愈的议题，有时是分离的议题。被父母抚养的过程中，一些人可能会经历很多的伤痛，比如不恰当的养育、虐待、遗弃等，关于这部分的治疗与成长，相信大家都没有异议。

但还有一部分成人的问题不是出在这里，他的父母在抚养他的过程中并没有不恰当的养育，恰恰相反，有时可能养育得过于"丰盛"。换句话说，父母或者父母之一和孩子的关系过于粘连，让孩子在成长的过程中没有办法完成个体化的分离。当这个孩子长大以后，他和父母的关系仍然会非常好，但是在他自己的关系中就会遇到各种各样的问题。

我曾经接待过一个叫小夏的来访者，她在亲密关系中遇到了很多问题，她和老公结婚以后矛盾频生。她来做咨询的时候，我问了她和

她父母的关系。原来在她小的时候,她妈妈就一直在抱怨爸爸。因为爸爸去了外地,妈妈和她的关系自然就非常紧密,但这样也让爸爸和她的关系越来越疏远,小的时候她就非常怨恨自己的父亲。

说到这里,其实我们就应该知道,在她的原生家庭里,三角化的现象非常明显。所谓家庭关系三角化,就是夫妻两个人的系统中出现了问题,就把第三个人拉进他们的系统。这个作用是为了减轻两个人的情绪冲击。当小夏的母亲把小夏拉进她和老公的关系中后,由于小夏的母亲可以将内在的痛苦倾诉给小夏,这样她的情绪就得到了缓解。小夏由于心疼自己的母亲,也对自己的父亲慢慢地产生抗拒。当这个父亲被自己的老婆和孩子抗拒时,慢慢地他也就不敢去亲近自己的孩子了。

对于小夏来说,在她长期的成长过程中,被母亲渲染的父亲的形象都是可恨的。而在她的实际感知中,父亲对于她是遥不可及的,温暖也是转瞬即逝的,因为她的父亲不太敢靠近她。父母之间的关系其实早就瓦解了,之所以还在一起只是为了维持整个家庭的完整,但两个人却又无法解决冲突,因为每个人都不能完整地去表达自己的真实感受。在这样长期的作用下造成的结果是什么呢?父母这样形同虚设的婚姻的确是保存了下来,但是当小夏进入到她自己的婚姻中时,她会时不时地把妈妈的情绪投射到自己的情绪中,也就是说她在情感上一直处于跟妈妈共生的状态。当她处在自己的婚姻关系中,对自己的老公有任何的不满时,内在被唤起的其实是妈妈对她父亲的不满,而这已经远远超过了她老公行为上的过失或者不妥当。久而久之,他就把自己的老公越推越远。

对于母亲来说，小夏是一个好孩子，她体谅自己的母亲。但母亲可能都没有意识到，她没有合理处理的情绪过多地加载到了小夏的身上，这种情绪上的共生是不利于小夏自己独立成长的。

所以，在我们谈到与原生家庭和解这个问题时，我们的目标是要去反省，有哪些议题是父母带给我的？而我们要剥离这些议题，实现真正的独立。有些议题可能是伤痛，有些议题可能是共生。

其实，类似的现象还有很多。读者看到这里的时候，不妨去检视一下，当你自己在面临事业冲突、婚姻选择以及专业选择时，你是听父母的还是听自己的。作为子女，无条件地忠诚于父母，似乎已经变成了我们的潜意识。有的人到了三十多岁、四十岁的时候，才突然意识到，我自己所做的事情，我自己所从事的事业并不是我自己想要的，而是父母把自己年轻时没有实现的追求，没有满足的需要，没有完成的使命加到了自己身上。

荣格曾经说过，对孩子最有影响力的是父母没有实现的愿望。我在实际的咨询中会看到很多人在中年危机时，突然想对自己的人生做一个非常大的变革，因为在前三十多年的时间里，他可能都不是为自己而活。

在家庭治疗的理论中，有一条叫派遣理论。所谓派遣理论，就是家庭成员代际之间是通过"忠诚"这个纽带相互联系的，家庭传统没有实现的追求和没有满足的需要都会被作为家庭中有效的连接机制代代相传。比如，在一个家庭中，祖辈都是从医的，父亲在年轻时也想当一名医生，但是由于条件限制没有实现，所以他就逼着自己的孩子去读医学院。孩子在年轻时可能真的是茫茫然不知所措,于是就顺从了这个愿望,但也许他辛苦地把医学院读出来以后,会发觉这不是他自己想要的。比这更麻烦的情况是,父母自己在原生家庭里面没有被满足的需要,如关爱,可能会向自己的孩子索要。我前面讲过了,孩子对父母是无限忠诚的,所以孩子就会付出很多精力去给自己的父母爱,这样他就没有时间和空间去爱自己和爱其他人。当我们很多父母在抱怨自己的孩子到了适婚年龄,仍然不谈恋爱、不结婚时,其实为人父母者也应该自己去看一下,是不是太过于让自己的孩子操心了。

当我们讴歌父母的奉献、母爱的伟大时,其实我们也要注意一点,当孩子没有办法去和自己分离,也许会是残忍的母爱。

家庭的生命周期理论

构成社会最小细胞的家庭,其实有它自己的生命周期,也有它这个生命周期所要完成的重要任务。

第1个阶段,独立成人阶段。在这个阶段里一个人要学会对自己的情感和经济负责。一个人的人生要经历两次重要的分离,一次是从母体分离,也就是经历母亲的分娩,自己的降生。第二次分离就是从原生家庭中分离。当然我们知道这两个分离其实都伴随着痛苦,而且这两场分离都需要父母和子女共同努力。

一个人要成为独立的成人,至少要有两个标志,一个是经济独立,一个是精神独立。虽然经济独立是我们父母喜闻乐见的,但是对于精神独立,有些父母可能就很难接受了,因为这意味着孩子不听他们的,孩子有了自己的主意,他们会感觉孩子翅膀硬了,甚至会感觉到孩子不要他们了。这对于每一个想要独立的成年孩子来说，都需要经过一场折腾，从而在精神上和自己的父母分离。当然，如果一个人在经济上都不独立，那么他的精神独立是很难完成的。因为如果你在经济上不独立，吃喝都要靠父母，那么作为独立生命的自己，想要自己拿主意，想要为自己做主，就会感受到舍不得离开但又想离开的痛苦。这样半熟的成年人在我们身边比比皆是。比如，有的人会抱怨自己的父母，但是自己的小家庭却在经济上依赖父母，需要父母照顾，包括经济的或身体力行的帮助，从而使自己每天处在大量的内耗中。

第 2 个阶段是新婚成家的阶段。进入这个阶段后，一个成年人要承担起新的人际系统的责任。如果婚姻中的一方与另一方父母居住，而自己更忠诚于自己的父母，那另一方就会感觉到被排斥，也就是说如果你还和自己的父母共生的话，你是没有办法以成年人的姿态进入一段成年人的婚姻的。我相信这样的案例在我们的生活中也是比比皆是的。很多婆媳矛盾就是由此产生的。当儿子和婆婆共生的现象严重，那媳妇就会感觉到被排斥；甚至媳妇和自己的母亲共生也很严重，那这样的家庭就不是这个小两口的家庭，而是双方原生家庭混战的家庭。

第 3 个阶段是养育新人的阶段。在这个阶段，我们要去接受家庭的新成员，要去接受我们为人父母的新角色。走到这个阶段的成年人，如果前两个阶段完成的好，那么这个阶段就会更为顺利一些。我相信大多数来看这本书的读者也正处在这个阶段，我们需要去学习怎样做一个更好的父母。在这个阶段，我们要去学习新的父母的角色,如财务方面、家务方面与原生家庭的关系处理方面等,处处都是需要学习的。现实生活中,除了前两个阶段我们没有做好分离的矛盾之外,还有一个现实性的矛盾就是我们可能会经常面临隔代养育的问题,由孩子的祖父母来给我们带孩子,这时就有很多矛盾会被激发出来。而如果你本身和原生家庭就有很多冲突,或者是强烈的共生问题,那在这个阶段所有冲突的承接者就是你的孩子。

第4个阶段是子女成长阶段。在这个阶段,我们要去增加家庭界限的灵活性,容忍孩子的独立性。在孩子学龄前,孩子对父母是无条件的顺从,但是当孩子开始进入社会时,你就需要去改变态度,不能像对待婴儿一样对待孩子。尤其是在孩子进入青春期后,他需要有空间去发展他的独立意识,他需要学习和你分离。青春期的孩子和父母不断地冲突,大多数情况都是因为父母想控制孩子而孩子要独立。

第5个阶段是家庭空巢阶段。也就是孩子成年之后搬离家庭,或者是结婚之后的阶段。这时原生家庭要接受家庭成员的离开以及新的家庭成员的进入,父母要学会成长,此时,父母与孩子之间的关系变成了成人和成人之间的关系。和第4个阶段一样,如果这时父母还不懂放手,把双手伸入孩子的小家庭,那家庭关系肯定一团糟。

第6个阶段是夕阳晚景阶段。也就是我们的父母现在所处的阶段。这时为人父母者要接受,你现在已经是祖父母辈的身份和角色,要学会享受儿女对自己的孝顺。很多父母由于自己的低价值感,在面对孩子善意的行为表达时,往往是拒绝甚至是打压的。比如,孩子给父母买了一张按摩椅,父母本能地指责孩子乱花钱,以致无法让成年子女完成表达孝意的初衷。同时，成年子女也要渐渐学习面对父母的衰老，甚至准备与他们告别。

家庭角色的变化

从以上六个阶段的家庭生命周期我们可以看到，在社会变迁中，家庭角色也是在不断变化的。

当今社会中，很多成年子女和父母之间的冲突，在于父母那一代想要依赖，但他们是被迫独立长大的，而年轻的这一代想要独立，却摆脱不了对父母的依赖。

父亲角色是具有我们传统特色的，他的主要责任在于赚钱养家，同时社会也要求父亲对自己的老婆孩子温柔体贴。而母亲通常是凝聚着整个家庭情感的核心人物，现代社会对于母亲的要求是需要她兼顾工作和家庭，往往有时是具有双重角色的。既要是女强人又是贤妻良母，自然对女性的挑战会比较高。作为子女，我们的学历、工资都比父母高很多，同时我们的社会适应性也比父母强，所以亲子关系其实趋向于更为平等。但父母并不太想放弃对我们的控制，所以很多成年子女既想要孝顺父母，又想超越父母。

我们可以看到家庭角色中的每一个人，其实都不容易。产生的亲子冲突，更多的是父母觉得自己的子女难以管教，而子女觉得父母管得太多。所以，当我们谈到与原生家庭和解时，其实也是非常需要父母配合的，父母要跟自己的父母和解（当然更多是与内在的自己和解），不要给自己的孩子加诸过多的期待。成年子女也要狠心在心理上离开父母，去发展全新的自己。

各位读者，当你阅读到这里的时候，你是否可以回顾一下你和你父母的关系，你们的家庭生命周期处在了哪个阶段？你和父母是不是在家庭角色上有未解决的冲突？当我们越去了解我们自己的家庭时，越有可能找出那些关系的症结，也才可以有针对性地疗愈自己，对问题进行和解。

06
和解第一步：建立边界，温柔和坚定地说不

当我们找出我们和父母之间的关系议题时，和解的第一步就是分离，分离的第一步就是建立健康的边界。想要知道健康的边界是什么，你首先要知道，你和原生家庭之间有一些什么不健康的边界。通常来说，不健康的边界源由是家庭关系的三角化。三角化是家庭治疗中的术语，它是指家庭关系中的两个人关系紧张，如果成员之间的分化程度较好，那么他们的冲突是可以在两个人的系统中去处理的；但如果两个人的分化程度较低，他们常常就会拉入第三个家庭成员，企图通过三角关系来缓解彼此的冲突，去处理焦虑。于是，两个人之间的冲突就变成了三个人的事情，如果这样的现象发生在家庭中，那么这个第三人就要过度地去承担原来不属于他的问题。这个人通常就是孩子。

在家庭中有哪些三角化的现象呢？

第1个是跨代结盟。

这就像刚才说到的现象，父母中的一方会联合孩子去对抗另一方，这往往会展现出一种公开的冲突状态。一个儿童会被迫进入一个稳定的联盟去对抗父母中的另一方。

第 2 个是替罪羊现象。

我在之前的章节中也和大家表达过，当一个孩子在家庭中生病或出现问题时，可能就是他在用他自己的身体、问题或者症状来表达家庭中没有被表达的冲突。那孩子为什么会这样做呢？原因通常是父母之间没有解决的冲突，未被直接表现出来，从而把矛盾隐藏了起来。孩子其实是会判断和感知父母之间的关系，如果他感觉到父母之间的关系不和，他就会操心父母的事情，于是孩子就陷入了一种忠诚分裂：我到底是忠诚这个人还是那个人；他也会对父母之间的关系产生担忧和困惑，他可能会花很多心思在父母要不要离婚、父母可不可能分开这样的思虑上。有的孩子可能会觉得这些事情太烦了：我要避免和逃避这些思虑，所以我就把自己折腾病了，或者我就不想上学了，又或者我去谈个恋爱吧。所以，我们通常会说，孩子的症状往往是家庭没有解决的冲突的表现。

第 3 个是亲职化。

其实就是父母关系不好，父母中的一方，比如这个家庭中的爸爸，离家庭很远，也就是被这个家庭有意无意地推了出去，那孩子就自动替补了爸爸的位置，成了妈妈的情绪配偶。

第 4 个是注意力转移。

有很多妈妈对自己的老公不满意，就把自己的注意力放到了自己的子女身上，这样的情况很可能形成对孩子的过度关注和保护，压得孩子喘不过气来。我们可能听到过有一种父母叫"直升机父母"，关于孩子情况的任何蛛丝马迹、风吹草动，这样的父母都会第一时间赶到现场。那身为这样父母的子女会幸福吗？因为受到了过度的关注和保护以及过高的期望,这样的孩子往往不堪重压,使自己没有成长的空间。

说到这个部分,我们就要在我们的原生家庭里去反思和反省,在自己的原生家庭里是否有这样的现象?你可以从三个层面去觉察自己。

去觉察自己对父母是不是有莫名的情绪。

比如,父母很正常的一句话,甚至只是一个简单的神态,就能够点起你的无名怒火,或者是强烈的愧疚感。此时,我们就要去看这个愤怒和愧疚感是从什么时候开始的,为何是从那个时候开始的,那时候发生了什么。这些情绪一般能够让我第一个想到谁,为什么是这个人,思考我在父母的关系里面有没有被三角化,是如何被三角化的,这个三角化的结果对我有什么影响。

在不断地觉察和整理的过程中,请你做一个记录,记录自己对父母不断反复出现的情绪是什么。这对你来说非常重要。

去觉察自己对伴侣是不是有莫名的情绪。

如果你已经结婚或者有过几任异性伴侣,那么你也可以给自己做一个总结,自己在亲密关系中反复出现的情绪有哪些?这些情绪与自己父母之间反复出现的情绪有相似性吗?这种相似性有什么关联吗?

我曾经遇到过一个姑娘,她自己非常努力,离开父母所在的城市打拼,总想着靠自己的努力奋斗,可以让自己的家庭生活得到改善。她已经非常努力了,但是只要她的父亲对她说一声"爸爸没本事,爸爸对不起你",这个女孩子就会立刻产生愧疚感,于是就给自己增加更大的压力,让自己更努力地去奋斗,直到自己变成了工作狂,成了没有感情的工作机器。其实她来找我的时候,是因为她的亲密关系不顺利。因为她发现自己总是遇到不能善待她的男人,在亲密关系里她好像也是需要非常用力才能维持一段关系。而当我去深入探索她的亲密关系时,发现这样一个现象,其实对方也就是非常平淡地说了一句话,比如,今天晚上烧的这个菜有点淡了,这个姑娘的愧疚感立马就升起,然后拼命去弥补这个"错误"。好像这个愧疚感在她身体里就像是一个定时炸弹,有一个核心按钮一样,和她走得亲近的人总是知道他身上的这个按钮,然后有意无意地在与她的关系中去按下这个按钮,因为一旦按到这个按钮,对方就能得到某种利益。

所以,如果你不知道你和你的父母之间有哪些议题没有被解决的话,那么你可以从梳理自己的亲密关系入手。你会看到有一种核心的情绪在你的生命中是反复出现的,而它就像一双手一样扼住了命运的喉咙。

如前所述,修通原生家庭的议题所需的第一步是要知道我们与父母之间有哪些没有解决的议题需要和解,而和解分三步:分离、彼此理解、疗愈伤痛。

和解的第一步是分离,分离的第一步就是重整边界。

当我们找到那个核心问题后,接下来就要去跟父母重新建立边界。建立边界,听上去很抽象,具体指什么呢?是指划清界限吗?当然不是。

其实就是与父母谈感受、谈决定,在一次次的感受和决定中,让父母尊重我们的独立性,从而使我们在心理上趋向成熟。

我们很多朋友在与父母重整边界这件事情上,有很多纠结和考虑,因为我们每个人都会在头脑中无限次地陷入分化和忠诚的分裂中。我们已经习惯了对父母保持忠诚,这是我们表达孝的方式,但同时我们要对自己忠诚,因为只有对自己忠诚,我们才能实现自我分化,才能成为一个独立完整的人。比如,谈恋爱的对象父母不同意,如果我和我的对象结婚了,父母怎么办?他们会不会过分担忧我?甚至我会想,他们平时的关系就不好,如果我结婚了,他们的关系会更恶化吗?当我有这种纠结时,是因为我陷入了自我独立的需要和孝顺的矛盾中。这样的纠结就会使得自我分化、建立边界这件事情变得尤为困难。

身为成年子女,我们要了解一个事实,人与人之间其实是很难完全彼此理解的,只能是部分理解,即便是我们和父母之间也是如此。当父母按照他们的惯性模式去干涉你的生活,并且可能用他们的情绪来绑架你的情绪时,如果你已经意识到这些对你的影响非常大,并且想做一个剥离,那么你的回应态度决定了这个功课的完成程度。如果你只是一味地对着父母喊:"请你不要来干涉我,你们老是一直在操控我",甚至带有情绪化地发泄对父母的不满,这样往往不会带来任何好的结果。因为随之而来的是你将可能面临两种状况:一种是他们非常愤怒,从而加剧父母对你的干涉和控制;还有一种情况就是父母被你吓住了,你看到他们的样子后,立马就心生愧疚,于是再次重蹈覆辙。

所以,边界的重整其实是一个很需要智慧的工作,因为它讲求的是力度、火候，火候不到可能会恢复原状，火候如果过了则可能会伤害关系，致使两败俱伤。

边界的重整是在一次次沟通中完成的，所以我接下来会为你介绍一种很好的沟通方法，而这样的沟通方法不仅适用于你与父母的关系，而且在你的其他人际关系中也会非常受益。

首先我们要了解，人与人之间的沟通是有不同层面的，同样的一句话可能在四个层面传递出不同的意思。

比如，你对你的爱人说："今天怎么做饭那么晚？"

这是很简单的一个疑问句，它可以在四个层面传递出四层信息。

第1个是内容层面。如果只从内容层面来说，那么你可能只想了解做饭晚的真实原因。

第2个是判断和评估层面。对方会根据你这句话的情绪来判断内容，如果他听到了指责，那么他可能就会道歉或者反过来指责你。

第3个是关系层面。对方会从你的这个问话中判断你和他的关系，如果你说话是温柔的，他也会温柔地回应；但如果他听出了你的情绪，他就会觉得关系很疏远，也会相应地做出不良的回应。

第4个是诉求层面。在这个层面，对方听到的不只是你问他做晚饭没有，他可能听到的是你肚子饿了，希望早点做饭，甚至是对这份关系联结的渴望。

显然，我们生活中的很多误会可能会停留在内容层面和判断层面，但其实通过沟通去影响关系的事在于第3和第4个层面，所以，我们在沟通时也要注意这两个层面。

当我们了解人与人的沟通都会在这四个层面起作用，在这四个层面传递不同的信息时，我们与父母之间的沟通，就更要学会一种沟通方式，即一致性沟通。

一致性沟通有几个关键前提，即你要考虑环境是否合适，考虑自己的需要是什么，考虑父母的需要是什么。

第1点，环境是否合适。如果你想要跟父母主张自己的需要，谈一些自己的感受和决定，那么你要趁着父母心情平和而不是他们在刚刚发完一顿火之后再跟他们聊。

第2点，考虑自己的需要。在跟父母谈话之前，你一定要先想清楚自己真正需要的是什么。而且这个需要是符合你的自我分化或者独立性需要的。如果你谈需要是为了啃老，是为了从父母那里拿钱，那这只是属于别有用心的沟通而已，并不能真正地建立边界。真正的需要，是建立在彼此尊重的基础上，而尊重的前提是平等。

第3点，我们要考虑父母的需要。在谈话的过程中，要顾及父母对你也是有需要的，而当你看见了他们的需要时，他们跟你沟通的态度也会柔软。

如果你的沟通一致性符合以上三点，那你们在关系和诉求层面就是清晰的，就能实现好的沟通结果。在具体沟通时要遵循以下步骤。

（1）先倾听父母的需要。比如，你可以说，爸爸妈妈，你们让我做这件事情，能告诉我原因吗？当然父母可能自己也说不出原因是什么，或者不太好意思直接讲，他们可能会采取迂回的策略。这个时候你不妨就直接问，但是问话的过程应该是剥离情绪的。

（2）共情式的回应。在倾听父母的需要之后，要表示对父母的需要的理解。比如，你们这样说我是理解的，因为你们其实是想让我过得更好，你们不放心我，才会给我这样的建议，这都是为了我好。当然做这一步很难，因为很多子女在沟通时，其实是有情绪的，我们本能的感受是父母在越界甚至是操控。但即便如此，绝大多数父母可能只是处于一种不自知的状态下，他们把这份管控理解为爱，你不能否认这是他们的世界里理解的爱。

（3）直接表达期望和需要，温柔而坚定地重复。你不用向父母表达他们是如何越界的，他们的情绪如何传染给了你，表达这些内容他们可能也不会理解。你可以直接向父母表达你的需求，也可以说，我现在已经长大了，我希望这件事情由我自己来做主，也请你们尊重我的决定。当然，在你直接表达需求之后，父母肯定会给你讲道理，或者找各种理由试图让你回到原来的互动模式里。在这个阶段最重要的是你要做到温柔而坚定。当父母试图把你拉回原来的模式里时，不要情绪化地表达你的愤怒，因为你一旦进行情绪化的表达，紧随其后的就是你的愧疚感。而一旦升起了愧疚感，那么之前做的十有八九会前功尽弃。

（4）注意停顿和节奏。与父母谈感受和决定，其实就是在表达自己独立和分离的决心，要知道我们与父母已经粘连太久了，一下子跟父母提出这些，对于他们来说可能是很难接受的。所以，在整个沟通的过程中，我们要注意有一些停顿，而这个停顿就是可以给予父母一定的空间让他们去思考和接受。当然，你也不要指望与父母谈任何感受和决定都能得到他们正向的回应，要知道受挫是正常的，如果父母一下子就能接受，反而是非常少见的现象。所以，这是一个比较长时间的任务，改变是需要反复确认的，任何决定和妥协都很难一蹴而就。

　　以上四步我们可以不断地反复交叉使用，并且过一段时间就与父母谈一下。温柔而坚定地重复以上步骤，久而久之你的边界就会确立起来。当然，最重要的就是你不能说一套做一套。如果你嘴上说着希望父母可以尊重你，不要去干涉你小家庭的事情，但是另一方面你自己又没有办法承担起家庭的义务，需要父母帮忙，那你设立的边界不是形同虚设吗？

07
和解第二步：剥离情绪，与伤痛自我对话

在与父母建立边界的这个阶段，最重要的就是学会对情绪的剥离。在这个阶段，你要去倾听父母的需要和父母的表达，如果我们不能耐着性子去听，不断地想要暴力表达，就有可能陷入一种恶性沟通，要知道倾听是平息情绪的最好方式。我知道这做起来很难，但我们必须学着去做。当父母情绪化地去表达时，也许会点燃我们的情绪，但我们没有必要为了父母不合理的情绪去负责。你需要去关注他们的情绪，但不要被他们的情绪感染。

在这个过程中，我们需要稳定对方的情绪，不但要倾听，而且要给予适当的回应，回应的关键就在于你可以适当重复对方的话，肯定对方正面的好意。当父母不断地表达他们的好意，也被你不断地看到并且理解时，你再去澄清自己的决定，你可以温柔而坚定地说：是的，妈妈你说的是对的，这一切都是为了我好，是出于保护我，但我也有自己的需要。

在这个过程中，最重要的就是要管理好自己的情绪。如果你无法管理自己的情绪，不断地被你的父母点燃，那么无论你多有道理，在对方那里都会打折扣。因为只要你有了情绪，就代表着对方能准确地按响你身上的按钮。

可以说，如果一个人在与父母对话时能管理好自己的情绪，那他基本就开始迈向成熟了。因为父母这一关最难过。

其实，能容易让我们产生情绪的就是我们在乎的人，爱之深恨之切。所以，如果让情绪隔在我们和亲人之间，那么这样的在乎也会让我们彼此的情绪纠缠在一起。我自己和母亲的和解之路也不是一蹴而就的。有几个过程也是必须走的。但第一阶段，我觉得对我来说是里程碑似的一件事情。

很多年前我和母亲之间的一场对话，是我自己转变和走上和解之路的开始。

有一次，我在路上开车，突然接到妈给我打的电话，我立即就把车停在了路边。刚接起电话，我就感觉到我妈的情绪很不好，上来就是一堆抱怨和埋怨，其实像这么情绪化的开场白，我瞬间就烦了，因为那种条件反射性的愤怒又出来了：她总是不能好好说话，总是要批评别人。当时我就问："你到底怎么了？"我妈说："我跟你说我穿着棉裤，端着一盆要烫脚的热水，然后脚底一滑，那个水洒在了我的棉裤上，然后整个腿都烫了。"我当时本能地说了一句："哎呀，那得多疼啊，你现在什么样情况呢？你怎么那么不小心？"这是作为亲人之间很容易有的一种表达，结果我妈给我来了一句："还不是因为你，还不是因为你不省心！我都是被你害的！"

当时我听到这句话，整个人都懵了：我跟你隔了几千里地，怎么就影响你了？在当时那个瞬间，我的情绪是愤怒的。但是在这个时候我做了一个和之前不一样的非常大的改变，可能照以前的做法，我也会非常情绪化地说："你到底什么意思？"但是那次我突然意识到，我要试试先去接住她的情绪去问一下。当时我的感觉是自己整个人从那场对话中抽离出来，悬置在空中看着我与母亲的对话。

我回应她说："听上去真的好疼哦，你能跟我具体说说，这个疼和我又有什么关系？"我妈说："还不是因为我端着水的时候在想你的那些事儿，想着想着我就走神了，然后就没注意脚底下。"

当时我理解了，那就是我母亲的情绪化的表达。在随后的谈话中，我不断地与她共情，不断地问到她一些比较细节性的问题，比如，裤子是怎么处理的，烫伤是怎么处理的，爸爸怎么帮助她的，就是非常细节化地引导她去表达。安抚了几句后，她说："好了，不是多大事儿，没事儿，你照顾好自己。"之后她就把电话给挂了。

你可能也意识到了，其实在这里我已经完全脱离了女儿的角色。我是以一个心理咨询师的身份在跟她聊。我能感觉到我母亲收到了我对她的理解和疼爱，她也就平静了。当然我的确没有那么伟大，因为把她的电话挂了以后，我自己其实还是挺生气的，这可能是一种既愤怒又心疼吧。但无论如何，这样的谈话在我和母亲之间是开创性的一次。我们之前的谈话可能谈着谈着就谈崩了，然后互相比谁挂电话更快。

其实我在这里要表达的是，这是我们与父母和解过程中的关键一步，可能的话，我们要把自己的情绪抽离出来。你可以想想你的心理咨询师会怎么对你，或者假如你是心理咨询师，你会怎么对你的来访者，那就怎样对你的父母。把这一关突破了，才可能真正走上和解

169

之路。

当我们学会了在情绪上和父母分离之后,我们就知道了对自己的情绪要进行自我负责。但是内在的坑洞,尤其是父母在养育我们的过程中,由于他们不恰当的爱的方式让我们遭受的不良影响给我们带来的伤痛,我们要如何去疗愈呢?

在这里,我建议你引入自我对话的方式疗愈自己。具体的操作步骤如下。

第一步,梳理父母给你带来伤痛的核心事件及其产生的情感。梳理完毕,你会发现无论是用回忆还是书写的方式,重复出现的情感和事件就是那几个,我们可以有针对性地选择一两件来处理。

第二步,在面前放一把空椅,想象你想对话的父母之一,如母亲,想象她就坐在这把椅子上。你可以想象她的穿着、神情、坐姿,来帮助你唤起对她的情感。

第三步,把第一步梳理出来的事件表达出来,在这个过程中会唤起你很多的感受,如愤怒、委屈。伴随着大量的泪水,你可以肆意表达,一吐为快,直到那些伤痛全部陈述完毕。

第四步,表达自己的需要。告诉椅子上的父母,你此刻需要什么。你需要的也许是他对你的尊重,也许是份纯粹的爱。

第五步,换座位。当我们表达完自己的需要后,尝试坐到父母的位置上,感受如果父母听到了刚才那番话,他们会如何回应你。请站在父母的角度如实表达。

以上五步不可遗漏。大多数情况下,在第五步的时候,父母会站在他们的角度表达他们的局限性和他们对你的爱，这时你再坐回到自己的位置上，去回应听到父母说完这些话后你的感受。

当然，也有朋友坐在父母的位置上时，感受到的是父母极为强烈的情绪，把坐在对面的"我"痛批一顿，像以往一样狠狠地训斥。这时，也要坐回自己的位置，回应父母说的话。通常情况下，在听到任何人如此表达，都会激起我们内在保护自己的力量，于是我们会对着批斗我们的父母表达出自己坚定的主张。而这一刻也就激起了你内在保护自己和重整边界的力量。

我做心理咨询师最大的感悟是，中国的父母和儿女之间彼此常常无法坦承脆弱和需要，而一旦能表达出来，对方是有机会去满足我们的。当然，也必须承认，有很少一部分父母是真的不知道如何去爱自己的孩子，而这个空椅对话的过程只是让你学会好好地去爱自己，从而有力量走好自己成人的道路。

也许有朋友会说，这都是想象出来的，不是真的父母与我们和解，这有用吗？就如我在前面章节跟大家表达的，我们要和解的是内在的感受，而并不是父母本人。我们要做和解的工作，最重要的就是要学会对自己的感受负责。

我们无法改变生活中的父母，因为他们大概率只会用原来的方式对待我们，毕竟年纪越大就越难改变。但一旦我们自己与自己的内在和解，在生活中我们就不太容易动不动就对他们产生情绪。关系都是互动的，当父母仍然用原来的方式对待我们，而我们有所改变时，他们也会改变对待我们的方式。毕竟，你的情绪按钮已经掌控在自己手里了。

必须申明的是，以上这套步骤并不适用于在成长过程中遭受过重大创伤的人，如虐待、性侵、遗弃或者父母已经去世等。如果你有这些经历，请找一位心理咨询师，在安全的场域中进行疗愈。

08
和解的最后一步：理解父母的局限性

经过前面两步，我们已经走到了和解的最后一步，尝试理解父母的局限性。但我要提醒你的是，如果前两步你没有走完，那么请先跳过这一步，或者你可以只是带着好奇看一下。如果你觉得对这部分内容有抗拒，那也非常正常，待时机成熟时，也许是若干年后的某日午后，斜阳照亮了这本书的时候，你再来阅读这本书也不迟。

在讲和解的最后一步之前，我请你先放弃"和解"这两个字，而是用另两个字代替：好奇。也就是我们先把和解这个目的放一边，先带着好奇来了解一下我们的父亲。其实讲到父亲这个角色，对于我们这代人来说，大多数父亲的形象是模糊的，或者大多数父亲在家庭中像是个隐形的存在。因为我们传统的观念认为，男性在家庭中参与家务的时间和精力要更少一些，养家的责任更重要。同时，父亲在家庭中的隐形让孩子与父母的等边三角形失衡，孩子与母亲有更多的纠缠，父亲主动或被动地分离出这个家庭。时间久了，对于孩子，很多父亲就只剩下一个背影了。

中国式的父亲很少有慈父，好像严父才是一个比较符合社会标准的角色。所以，我们在了解他时，需要更多地把父母那个时代的要求放进去，去尝试处在父亲当年那个年龄去体会。

前面已经介绍过我们父母的特点,所以,当我们整理自己与父母的关系时,发现自己对父亲的核心感受主要是愤怒或者恐惧等时,我们可以尝试再多做一件事,就是去了解一下父亲的成长史,了解他的父辈们是如何对待他的。同时,在他应该受教育的年龄他在干什么,他受了什么样的教育,尤其是在那些令他记忆深刻的历史阶段里,都有些什么故事发生在他身上?如果我们以一个旁观者的身份去研究这个男人,又会有哪些新的发现?

当然,在现实中,可能前文父亲的三个功能,很多父亲一个都无法满足,更有甚者,在孩子的成长过程中,还由于自己的性格缺陷对自己的妻子和孩子施暴。那些在成长过程中给孩子留下的恨,作为子女,是不可能说原谅就能原谅的。对于这样的父亲,我们最好的和解就是不再成为像他一样的人。

我建议你找个轻松的下午或者晚上,和父亲一起吃个饭,喝点小酒聊聊天,听听父亲说那些你未曾听过的故事,也许你会对他有新的发现。

说到母亲,我不得不说,在我所接触的咨询案例中,很多当代女性普遍具有低自尊的现象。而据我的观察,这种现象的产生往往是在很大程度上受到了母亲的影响。我们来想想看,女性是如何在成长中失去自尊的?所有从根源上觉得自己不够好甚至对自我女性身份认同有障碍的女性,在心理发展阶段很大程度上可能停留在与母亲共生或者与母亲竞争的阶段。

现实生活中造成这种现象的原因有很多,我这里拿一个普遍的文化现象来举例,比如,男尊女卑所造成的自尊贬损。

如果处在跟母亲的共生关系中，也就是说女儿和妈妈难舍难分，那么妈妈的低自尊就会直接被女儿认同。如果妈妈觉得要生个儿子才有面子，那么女儿也会看不起自己，在自己的婚姻关系里，拼命要生儿子才行。

如果女儿贬低、看不起自己的母亲，那女儿可能不接纳自己女性的身份。女性的心理成长比男性更复杂一些，男性从出生就在心理上没有离开过母亲，他只需要渐渐走向父亲；而女性需要经过离开母亲，走近父亲，再走回母亲的心理发展阶段。如果一位女性在成长过程中一直卡在认同父亲抗拒母亲的阶段，那么，一方面她会不断地陷入跟女性的竞争中，另一方面可能因对男权的崇拜致使她根本看不起女性这个群体。

母女关系的实质是女人与女人之间的关系，是一个女人对另一个女人的影响。女儿对母亲的贬低，事实上是对自己女性身份的贬低；跟母亲的竞争，实际上是对自己的不自信。

在女性的成长过程中，如果父亲发挥的功能并不是鼓励和欣赏，而是以家长身份对女儿的压制或侵犯，那女性是没有自由和权利可言的，她只有认同父权文化，依附父权，才能获得生存、发展的保障；如果女性的成长也要按照父权文化的要求，那么她就可能成长为具有被动性、没有自我的女性。所以，我们会看到，母女爱恨交加关系的起源是渴望男性的肯定，扩散到整个社会，就是需要父权文化的肯定。所以，女性一代代陷入这样的怪圈中。

其实，在所有的家庭关系里，母子关系、父子关系、父女关系，都不如母女关系来得麻烦。女儿长大以后，渐渐发现自己和母亲越来越像，她会因为认同了自己不喜欢的母亲而生气，拼命抵抗。但母亲又是我们生命的来处，不去面对母亲就无法面对自己内心的愧疚。很多人在成长的路上卡在了这一点。

我在心理咨询过程中，由于接待的大多数都是女性，所以我对母亲和女儿的关系有一定程度的研究，当然，这也与我自己的经历有关。母女关系的议题，似乎关系着绝大多数亲密关系的议题。但对于女儿来说，痛苦的是，母亲是一个绕不开的人物，我们对母亲的感情有时是既爱又恨。

无论是在来找我咨询的来访者中，还是在我的学生群里，都会听到女性朋友对其母亲的抱怨。只要有人提起母女关系的话题，总能得到一批同病相怜者的响应者，大家互相吐槽母亲对自己伤害。与此同时，总会出现几个其他声音，那些声音表示自己曾经也对母亲非常不理解，充满了抱怨，但只有在自己养育孩子的过程中，才会理解母亲当年的不容易。

作为生命本能的动力，每个孩子都渴望得到母亲的爱，爱而不得时，就变成了恨。这份恨里还有另一层含义，那就是在抱怨母亲对自己的伤害时，自己也渐渐变成了母亲的样子，无论是性格脾气，还是母亲当年走过的路。这份恨，既是对缺失的爱，也是对自己无意识的认同。

心理学家发现，女儿跟母亲的关系在不同的年龄段会呈现出不同的状态。当女儿0~5岁时，她对母亲最基本的感情就是依恋。其实在这个阶段，女孩和男孩对母亲的依恋基本上是一致的。而我们也知道，如果在这个阶段，妈妈给孩子提供的依恋环境是比较稳定的，那么相对来说，这个孩子成长以后的人格根基也是比较稳定的。

当女孩 5~13 岁时，女儿对母亲最基本的感情是崇拜。母亲成为女儿眼里最完美、最高贵的女性。当我们回忆我们的童年时，你一定跟你的同学有过这样的对话：我的妈妈会做什么，而你的妈妈不会，我的妈妈比你的妈妈漂亮。在这个阶段的同龄女孩之间，对母亲所产生的自豪感和相互攀比的情绪是一生中最强烈的。此时，女儿通过对母亲的崇拜达成了一种身份上的确定，也就是我要成为这样一位女性。

母女关系的分水岭发生在女儿 13 岁之后。伴随着青春期的发育，女儿有了自己独立的审美观，于是她眼中完美女性的形象就从母亲的身上移开，转移到偶像或者男朋友身上。当一个女孩子突然对男性产生了兴趣，她便开始朝着取悦某个男性的方向去包装自己。有很多母亲会担心女儿性早熟，担心女儿的交友问题。也有一部分母亲因在自己成长的过程中，没有现在的女儿条件那么好，于是对发育中的女儿产生了嫉妒，当然这些都是无意识的。但无论是哪一种，母女之间的争执都变成了一种固定的模式，母亲因为想要控制女儿，让女儿按照自己曾经走过的路走，所以总是打压女儿。而女儿当然想要摆脱这种控制，于是双方就互相说难听的话，使母女关系逐渐变得冷漠。

而当女儿自己成为母亲后，在抚育孩子的过程中，经历了做母亲的不容易，加上多数情况下，母亲会帮助女儿养育下一代，所以原来女儿与母亲紧张对抗的张力才会慢慢得到纾解。

按照母女关系互相影响的三大年龄段，母女关系的和解则会按照倒序的方式进行。也就是先解决 13~18 岁的议题，接着是 5~13 岁的议题,最终回到 5 岁前的依恋关系。

我们经常会说,要摆脱原生家庭的影响,其中最重要的一步就是不要动不动就因为父母的一句话而让自己再次退回到小时候那个受伤惶恐的样子。因为我们也知道,那个伤痕会在我们的生命中不断地通过其他人出现,比如我们的男朋友、我们的丈夫,或者是我们的权威领导,剧情总是一而再再而三地重复。

所以,作为一个成年人,要做到母女和解的第一步,是你先不要受她影响。如果你在青春期时受到了母亲的很多指责和打压,你就不能再继续活在那个被指责被打压的女孩子的状态里,你要学会成长、疗愈和安慰自己。如果你的母亲现在在生活中仍然继续这样的方式,你要意识到这是母亲自己的局限性,你要允许她做自己,但同时你要让她影响不了你。

当你感觉自己内心的状态越来越强大时,你便有了一种好奇和力量,想要去理解妈妈为什么会这样。而通常我们女性最直接的理解母亲的方式,是通过哺育一个孩子,体会母亲当年的不容易,这样就能理解第一次做母亲的无知和无奈。

最终想要与母亲拨云见日,看见彼此深刻的爱,并不是一件容易的事。胡因梦在她的自传中提过,她与自己的母亲抗争了很久,但有一次母亲突然被广告看板砸中了上唇,肉立刻翻了起来,鲜血直流,柔弱的胡因梦立即将不小心的工人臭骂了一顿。当时,她自然流露出的那份骨肉之情令自己的母亲受宠若惊,一时之间不知如何反应才好。胡因梦说,那次的经验令她意识到母女在日积月累的障碍下仍然深深渴望着彼此的关爱。

我与自己母亲的和解之路也经历了以上几个过程。而最重要的一次是在一个艰难的环境下，我和我的母亲发生了一次激烈的冲突，我们宣泄着对彼此的愤怒和不满，伴随着泪水和悲伤。等两个人都发泄完，我们彼此感受到了对方深深的爱。而在这之前我们都小心翼翼地回避着对对方的不满，但又无法面对。

母女和解的最后一个阶段，也许是由一场冲突带来的。

我们之所以如此有情绪，其实是因为我们爱得深沉，而这份爱常常被不满所掩盖着，使得我们彼此只知道用熟悉的模式互相伤害或者彼此逃避。

09
和解的结果：我们懂得了真正的理解

我记得早年曾经接待过这样一个女孩。17岁，高二，正处在学业压力非常大的时期。但她总是不爱上学。她给我的印象非常深刻，干净素朴，一点儿都不像不好好学习、乱动心思的孩子。所以，当她因为这个原因而来咨询时，我还是颇感意外的。我记得在第一、第二次咨询中，都是被动的我问她答。她几乎很少主动挑起话题，使我会有一种无力感，不知道怎么跟她交谈下去。有时她刚开始一个话题，我就会积极地鼓励她，告诉她："你这样想很好啊！你能这样积极地改变，是非常有力量的！"但似乎这些话都像石子投入了海里，没有得到任何回应。她好像是自动屏蔽了这些鼓励的话，然后继续回到她安静素美的状态，眨着大眼等我继续提问。

但是在第三次咨询提到她小的时候和哥哥在家里争夺一个玩具时，她似乎有一点点兴奋，细致地描述了当时的场景。我在当时似乎也被她带入了那个画面，因为我也想起了我和自己哥哥小时候争玩具的场景，所以，在她每次说完一个动作后，我就会接着说："对对。他可能要怎么做，然后你可能会怎么做。"她黯淡的双眸突然间就亮了起来，仿佛找到了知音一样，继续跟我说。等她讲完了，我跟她说："我特别能够理解你说的这种感受。其实能在这样的家庭环境中长大，也是挺不容易的。"那次临走的时候,她表现得非常高兴,整个人都轻快了很多。

好景不长,当我以为我们的咨询有了突破性进展时,我们的咨询却又回到了原来的模式,她依然非常素雅干净地看着我,被动地等待我的各种提问。当我试图再肯定她,用"哎呀,这个很棒啊!我觉得你已经做得很好了!"这样的语言再去回应她时,她依然面无表情地看着我。我们的这样咨询持续了几次后就不了了之了。

那之后我感觉很有挫败感,直到在我的个案督导过程中,我才在督导师的反馈里发现这个年轻的女孩其实是这样的情况:她在自己的家里不被任何人理解,在学校也不被任何人理解。但是那次,在她说和哥哥争执的过程中,我成为唯一理解她的人,因为我也有相似的经历,所以,那一刻我是真正地进入了她的世界。而这样的理解才是她最重要的情感滋养,比任何赞美和鼓励都重要。但当这样的理解没有机会再现时,我们的情感联结也就中断了。

这样的情况不仅仅发生在咨询室里,很多上完我课的女性学生,在了解到她们先生的核心需要是被尊重、被肯定时,也很机械地在和自己老公的相处过程中不断地去肯定、去赞扬对方,这在一定程度上的确能够增进夫妻关系。试想,一个平时习惯指责、挑剔、抱怨老公的女人,突然间学会肯定老公,看到老公的闪光点,老公肯定会觉得很受鼓舞。

我有个学员曾经跟我讲,运用这样的方法,让她得到了一定的现实利益——她的老公看上去比以前勤快了很多,也更顾家了,但她总觉得老公和她的心贴得不近,好像他们之间没有办法进行深层交流,她也总觉得她老公好像不会把心里话讲给她听。然后,在她又有机会表扬和肯定她老公时,她老公只是轻轻地叹了一口气,然后说了一句:"我希望你能更多地理解我,而不只是这样机械式地肯定我。"

理解的基础是什么

其实,人与人之间最远的距离就是互相不理解,而最近的距离是"你说的我都能体会"。当一个生命可以理解另一个生命时,他感觉到的是无条件的接纳,这份理解就可以愈合心中的伤口。因为那种被看见、被理解,会让我知道我不是一个人在这个世界上孤独地奋斗,会让我们的内在得到很深的滋养。这比简单的赞美更有用,因为赞美和鼓励的字面下还表达出了一种评判,意味着你做什么是好的,你做什么是不好的。

在我曾经带领的一个小组里,有一位女士表达了她对父母的怨恨。站在她的角度,她确实经历了很多的不公平和挫折,而那些都是由于父母的无知带给她的。但是,小组里的另一位男士完全不能理解这位女士的想法,反而是用另一种讲道理的方式告诉她:父母有他们的局限性,你不应该这样去怨恨父母,而是应该感恩他们给了你生命。你应该按照自己的力量去成长,而不要拘泥于他们带给你的伤害,因为他们活着也很不容易。可以说,这位男士说的每一个字都是对的,而且在他的世界里,他是在一个非常有爱的环境中长大的,能说出这些话也顺理成章。我们能明显地感觉到,他们是处在两个世界的人。这位女士对这位男士的不理解无可奈何,而这位男士站在自己的角度，也确实没有办法理解这位女士的不容易。

所以，真正的理解往往发生在两个有共同或者相似经历的人之间。

在咨询室里也是如此，来访者正在痛苦的事情，如果我也有过类似的经历，那份因为懂得而生出的共情就会特别有力量。虽然共情本就是我们的基本功，但如果是因为深深地懂得而产生的共情，那么对方就能感受到被抱持和理解，而这份抱持和理解就是对眼前这个生命最好的支持，从而可以激发他自己的潜能去做进一步的探索。

如果没有相似的背景，如何更好地理解他人

在日常生活中，很少有两个人会有非常相似的背景，但是我又很想去学习如何去理解对方，怎么办呢？

其实，理解他人最重要的前提就是放下自己的评判心，全身心倾听对方的言语。试着去感受他说这句话的感受是什么，他又是基于怎样的需求说这句话的。也就是说，我们要带着一颗真诚的心去与对方沟通。

每个人的人生经历都是不一样的，但是不同的人生经历带给我们的感受却是相似的，因为感受包括了快乐、悲伤、沮丧、愤怒、无助、痛苦等这些人类的本能情绪。即便你没有对方的经历，但是由这个经历所带来的这种感受却是人类共通的。如果一个人正处于离婚的哀伤期，即便你没有离过婚，但在那一瞬间，那种无助、对未来不能把握的恐慌，却是你能感受到的，因为这和我们失恋或者失业以后的迷茫感是近似的。如果在这种感受的层面上你可以给予对方很深刻的

回应，告诉对方"我理解你的感受，我也曾经这样痛苦过"，那么对于对方来说就非常重要，而这个时刻你就真正地与对方站在一起了。

  我之所以在我们与父母和解这篇的最后写上这样一段话，其实真正想要表达的是，按照我自己的亲身经历，当自己走完与父母的和解之路，尤其是理解他们的不容易，心疼他们的过去后，我心里的同理心似乎一下子庞大了起来。这绝不是一蹴而就的，而是慢慢蔓延开来。似乎当我理解了我最难理解的父母时，我便理解了天下人，懂得了天下人的苦。

第四章 你就是孩子最好的父母

01
活好人生下半场，取决于你内在人格的稳定

我有一位朋友非常热心，也非常聪明，她一直负责公司的企划和公关。我想可能也是由于她的这个特质，才能让她在自己的工作领域里面做得非常好。但有这样一个人做朋友，可能会让人觉得有点痛苦，因为她收集信息的能力实在太强了，三天有一个大想法，每天都有小想法，而我们本身就处在一个信息爆炸的时代。

当这样一位热心的好朋友不断地将她吸收进来的信息加工成想法要灌输给你时，你会感觉整个头都要炸了。因为对于同样一件事，上周和这周，甚至昨天和今天的想法都不一样。时间久了，我对她就学会了一种应对策略，叫作左耳进右耳出。即只在信息层面收到她传递的内容，然后自己继续加工。有时我也会对她说："你能不能自己消化一下再传递信息啊？"她有时也感觉自己的变化太快了，但当信息来时，她又会禁不住回到那个信差的角色里去。

当然，像我朋友这样想法多变的人还是少数，无论是在工作还是生活中，我看到更多人的不稳定行为其实源自他们情绪的不稳定。

张柏芝早年演过一部电影，叫《十二夜》，我经常会想起这部电影。影片中女主角被男朋友追求以后，都会忘我地投入恋情。但过了

不久，对方就会变得冷淡，然后双方面临着分手。女主角谈了一个又一个男朋友，而这样的结果，完全取决于她自己情绪上的变化：

女主角在听到朋友算命说她在被爱情欺骗后，她就忍不住打电话跟男友确认；找不到男主时，她就会不停地打电话。

如果像这样的行为反复发生，那么就算女主真的很体贴，就算她长得再美，男人也会逐渐感到疲倦，最后的结果就是男人越来越疏远她。

不管是我的那位女性朋友，还是张柏芝扮演的女主角，也不管是想法或是情绪的多变导致的行为多变，都会让人感觉到一种不稳定的状态。这样当事人会感到非常累，而与她相关的人也会感觉精疲力尽。

我们来看看这些人为什么这么多变

我们这个社会鼓励每个人要有自己的想法，我们从小到大听到的都是想法很重要，感受不重要。于是，很多人就按照这样的目标去要求自己，我们每天都吸收大量的知识、大量的信息，从而产生大量的想法。但是我们从来没有思考过，我们的家庭教育、社会教育、媒体教育其实都给我们灌输了他们想告诉我们的一些信念教条和形式化的东西。我们在这个过程中吸收了很多概念，当这些概念被内化后，就会变成我们的一种机械性的惯性反应。在人际交流中，我们也会把这些既定的概念拿出来跟别人去互动，所以很多时候我们是透过这些概念在跟别人相处，而不理解这些概念。

不仅如此，我们跟自己相处的方式也是一样的，我们会按照我们吸收来的那些标准去评判自己。想想在我们成长的过程中有多少标准，而最典型的标准就来自我们的父母。我们的父母可能会对我们有很多评判要求，让我们认为自己不够好。当我们带着这样的概念跟自己相处时，就会经常去批评自己不够好。但是那个你不够好的概念是真的吗？它会不会也只是一种信息，也就是它会不会只是你父母的一种想法，然而却被你内化到心中了。

再来说一说我们自己的情绪不稳定。其实学了心理学我们就会知道，我们之所以情绪不稳，是因为我们内在有一个坑洞，也就是我们内在总有莫名其妙的匮乏感，老觉得想要去被什么填满。当我谈恋爱时，我希望我的恋爱对象可以立即满足我，他的立即回应就可以填满我的这个坑洞。当他稍有风吹草动或者是延迟回复，我的那个坑洞就会凸显出来，使我觉得不安全，想要去掌控。这个匮乏感来自我们小的时候在父母身上没有得到的爱。

我们越匮乏，在行为上就越想要去抓紧，越抓紧，对方就跑得越快。

我愿你带着觉知活好下半生

当我们全盘吸收外在的一些知识后，我们自己最终只会变成一个信息交互站，因为那些知识未经咀嚼就全部塞向自己。但同时这些知识也成为我们的障碍并使我们的认知局限。我们只会被动地填鸭式地接受知识，但从来没有反思过这些知识是不是真的，有哪些是我认可的，哪些是我存疑的。

当一个人没有自己的想法，没有自己的批判性思维时，他就很容易成为人群中被洗脑的那部分人。因为别人塞给他的东西，他都照单全收。谁离他近，信息量大，谁也就最容易成为那个影响他的人。

如果你是这样一个人，应该怎么办呢？

其实最好的办法就在古训里：读万卷书，行万里路。我们要拓宽自己的知识面，从不同的角度去选择我们要读的书。如果你喜欢心理学，你就不能只读精神分析，你需要再读一些家庭治疗和社会心理学方面的书，同时你还需要拓宽自己的阅读范围，你需要去读一些社会学和哲学以及灵性类的书籍。书读得越多，你看到的东西就越多，你对事物的理解也就更有自己的深度。你绝不会被一两个信息、一两本书忽悠。因为足够多的书能够让你知道什么才是真知识。

除了读书，你还需要体悟。所谓的行万里路，不一定非得是让你去周游世界，最重要的是你要拓展见识，而拓展见识靠什么？靠的是我和不同圈子的互动，从互动中得到自己储存的信息的反馈，这样对我固有的知识可以起到纠偏作用，而我也在这个过程中逐渐觉察哪些知识要剥离，哪些知识是经过我的体悟认定是真理。

当然如果我们能够自我觉察，对情绪的稳定就更有好处了。我们的创伤是出自我们曾经的不良体验，这些体验造成了我们的匮乏。但如果我们执迷于那个匮乏，我们就会将曾经的创伤进行再加工。也就是我们通常说的，你越是想一件什么事情，就越容易把那件事情放大。

我在做心理治疗时经常发现，很多人会由于记忆的偏差，将父母曾经给自己造成的伤害夸大。或许那些伤害的确曾经发生过，但是在不断回忆的过程中，由于不断重复感受而可能直接更改了记忆。也许妈妈在你小的时候只是骂了你几句，但由于被骂的感觉一直存在你的身体里，你不断地去回忆这件事情，就会认为当时发生了这样一件事情：妈妈不由分说地又打又骂你，把你骂得狗血淋头，甚至骂完你还不管你，你感觉到深深地被抛弃和被伤害。这些都是在我们的心理治疗室里面确确实实发生过的，也就是说我们的记忆很容易被我们的感受再次加工。

如果你曾经历过很深的童年伤害，那么欢迎你走入心理治疗，这种矫正性的情感体验，会让你得到前所未有的关爱和呵护。但我认为，对于大多数人，你们可以用另一种方法来治愈自己内在的坑洞和匮乏。

不要再执着于去体验曾经想要但却得不到的爱，而要让自己成为爱本身。

大家都知道，"爱出者爱返"这句话。我们不就是想得到曾经我们想要又得不到的爱吗？但如果你真的学会去爱一个人，爱你身边的人，去真心地做公益，那么你会发觉，在付出爱的那一刻，你自己就是爱本身。对于爱，并不是说你没有得到你就不曾拥有，其实它从来没有离开过我们。

现在只需要你在付出爱的过程中去觉察一件事，就是有没有讨好和委屈。如果没有，你只是纯粹的"我很好，所以我可以分享爱"，那么其实这就是疗愈自己童年创伤最好的方法。

当我们经过 2020 年时，我们会感叹 2020 年应该是最差的一年，但 2020 年会是最差的一年了吗？没人敢说了。所以，在大环境不断变化的形势下，我们也需要及时调整。但某一年对于我们整个人生来说是极其短暂的，它只是我们人生中的一个时间片段，而人生的这趟旅程能走多远，完全取决于我们的内在有多稳定。

02
富足智慧的晚年，取决于年轻时的这三个条件

我遇到这样一位来访者，他是比我大十多岁的男性，非常帅气英俊，有点像经常在抖音上看到的那种很有味道的大叔。他来找我咨询是因为在犹豫要不要和女友分手。看到我疑惑的眼神后，他告诉我，之前的婚姻结束后，他就和现在的女朋友在一起了，至今已有四五年了，但他感觉两个人越来越累，又考虑年纪大了不想折腾，所以就一直拖着。我在复盘他的情感问题时，发现即便他有婚史，但他的感情经历的频次依然不少，平均算下来，大概四五年的时间就要分手。无疑，这样的情况会引起一位心理咨询师的兴趣。

在我们继续探讨后，他突然对我的职业产生了兴趣，问了很多关于心理咨询师的收入和回报的问题。我也在这个过程中跟他解释了我们的一个小时背后其实还需要准备、记录、督导，所以一场咨询下来，平均再需要另外2~3个小时去对案例做跟进，这还不算每年固定的进修时间和成本。

但他似乎对我解释的这些并不感兴趣，每当我再次把话题拉回到他自己身上时，他仍然跟我大聊特聊这个行业赚钱的法门，俨然发现了一个掘金的好行业的样子。这时我的内心对他的问题稍微有了点

感觉。

我顺水推舟地就聊到了他的事业。果不其然如我所料。他现在已经五十多岁了，在他二十岁出头的年纪，也就是九十年代改革开放如火如荼的年代，他赚钱相当容易，当时日入万元的现金流量哪怕放到现在也是相当扎眼的。但就是因为赚钱太快，他挥霍得也相当快。就如有些人说的：当老天意识到你的收入超过你的能力时，他也不会让钱待在你身边太久。在之后的二十年里，他总能找到各种"快"生意，赚到越来越多的快钱，即使遇到问题，也总能逢凶化吉。但也因为如此，钱也经由他又流回了社会。

和钱一样的是女人。因为老天给的好相貌，也让他在情场上无往不利，换人如换衣。

"所以我的问题是，无论是事业还是爱情，一切都来得太容易，也就不懂得珍惜？"他试图理解我，并对这些分析进行总结。

"嗯，也许'珍惜'两个字的道德感太强了。没有被命运狠狠地碾压过，没有过从谷底爬起来的经验，也就缺失了走心的深刻。因为潜意识里一切来得都很容易，也就没有深深扎根去经营，经年累月，就会形成一套固定的思维去看待所有外在的机会，就像你看我的职业一样。"

他叹了口气。

富足和贫穷取决于什么

到了一定的年纪，我们会发现，一个人的底层思维逻辑就是他的人生的基因。当然，这个思维逻辑就是我们大脑的惯性。我们拿贫穷举例。一个人自己跟金钱的关系到底好不好，实际上是跟你怎么看待金钱有关的，如你在省钱、花钱、赚钱上是如何使用你的大脑的，使用频率如何，使用比率如何，使用效率如何。如果一个人在决定买一样东西时，花了很长时间在如何去节省和节约上面，那么大脑的整个运算重点就放在了节省上。思考的时间越长、频次越多，其占用大脑性能的比例就越多，同时就会忽略另外关于花钱和赚钱的思考，也就形成了省钱的神经回路。

你一旦练就了一个省钱的大脑，并把这种省钱发挥到了极致，你就养成了省钱的习惯，让你大脑的花钱和挣钱功能没有机会运行。这就是一个简单的底层逻辑。

放在一个人的人生上面，如果他的底层逻辑里，大脑的神经回路都是关于来快钱，然后快花钱，那么他便少了很多对"如何来钱"的深刻思考，以及缺少了"如何留住钱"的思维。于是相应的缺少的思维就是："如何建立自己真正想做的事业""如何经营一份稳定长久的感情"等，依次类推。

人生过百时，看看身边的人，到底人和人之间的差距是如何形成的？有天赋的差距吗？有。有智商和情商的差距吗？有。但这些都不是关键因素。其实无论在哪个领域，每个人的天赋和情商各有差别，但如果我们提取公因式会发现，高成就者具备更多的韧性与勤奋，同时他们明确地知道自己想要什么。

在成功的种种因素中，除了天赋和家庭背景这些个人难以左右的因素之外，我们还有一个相对公平的方向、一个可以通过个人努力就可获得改变的方向，那就是培养自己坚毅的品质。并且，对于想成功的你来说，这种品质的作用比天赋等因素更加重要。

培养坚毅的品质

　　培养坚毅品质的最好时期是青少年时期。我们拼尽全力去得到一个好的成绩，为高考挥汗如雨；工作后为了每一个工作细节，我们反复认真地核对，挫败后擦干眼泪咬牙坚持。这些人生早期经验积累的结果并不是特别重要，重要的是这些过程。在一次次拼尽全力的过程中，你的大脑也在慢慢地适应和拓展，它学会了挑战自己的极限，学会了从谷底爬起激励自己，学会了在一次次的试错中去理解自己，究竟自己喜欢和不喜欢什么，无论是事业还是爱情。

　　这就像是建造摩天大楼时打地基的过程，你扎的根越深，每一根钢筋的劲越大，后期能搭的楼就越高。也许在相同的岁数里，你和周围人比并没有显著的优势，因为大家都在默默地夯实基础。当然在这个过程中，也许你会看到有些人已经比你更快地搭了个别墅，但随着岁月的增长，到了四五十岁时，你可能站在88层楼的金茂大厦，他仍然住在3层的小别墅里。虽然这是人生选择的不同，但每个人都希望尽自己最大的能力活出自己。当我拥有过在88楼俯瞰的经历后，我可以选择住3层的小别墅，而不是一辈子只住在3层的小别墅里，却没有在88层楼俯瞰过风景。

　　"会当凌绝顶，一览众山小"的体验，谁不想拥有？

　　这样一个磨人的过程，在我们人生中来得越早越好。

　　当然，我们绝对不能将以上过程理解为蛮干。在这种韧性培养的过程中，最重要的是要听取心灵的声音，找到自己的兴趣。我们的教育让很多人在应试的习惯培养上花时间，这只是培养韧性的试练，但这不是成功与否的唯一决定因素。如果你拼尽了韧性，做的却不是自己想做的事,那么你的心灵就会一次次地反馈给你:我很痛苦,我对它没有激情,想起它就头疼压力山大。而如果你忽视了内心的声音,执拗地坚持,那你只是在使用韧性虐待自己。当一个人在做一些符合他个人兴趣的事情时,他就会对自己的工作更满意,表现得也会更好。摸摸自己的心,触摸一些身边的物品,环顾过往一年的美好记忆,想想有哪些瞬间是你充满激情或者是令你心动不已的?也许,那就是你的激情所在。

这个过程需要时间,需要足够的耐心。无论是来自我自己还是身边人的启示,撞击我们心灵的事情,都并不是我们第一次遇到就能认出,它需要我们经常去观察自己的心。

有了韧性和自己的兴趣后,你就离成功更近了,但这时还需要加上一个老掉牙的词:刻意练习。

刻意练习

很多人是到三十岁甚至四十岁时,才发现自己对所做的事业毫无激情。当他找到令他心动的事业时,就立即转行。仅凭这腔热情和早年积累下来的韧劲就能成功吗?未必。因为每个行业都需要经验。所以,在一个新的行业领域里,哪怕是"你的天命所在",你也仍然需要打磨自己。刻意练习需要你专注于某个具体的弱点,通过全神贯注地投入和努力,实现预先设定的目标,同时还需要你如饥似渴地寻求外界的反馈,知道自己哪里做得不好,再有针对性地修正。

就像我自己的写作,虽然从小到大总科成绩都是靠作文拉分,但我在大学毕业后的十几年里都未曾动过笔。当我在 35 岁重新拾笔时,我的内心激动无比。跟随心流写出的文字很有感染力。但很快我就发现,写作也是一门需要刻意练习的技艺,如果很长时间地停滞,那么光是挖内心的东西也总有枯竭的时候,而一篇好的文章背后仍然需要有大量的阅读和不断思考的积累。于是,逼迫自己每周甚至每天都出文章,就是刻意练习这门技艺的好方法。

最后,我还想再加一点,一个人有没有大愿,也就是做事有没有使命感,以及能否满足以上条件,会决定他是否能将成就做大。如果乔布斯和比尔·盖茨没有改变人类和世界的大愿,那么他们可能也创造不出这样的辉煌。

未来,希望你和我一起,深深地扎根于自己的所爱,反复打磨自己的产品,稳健地走向富足而智慧的人生。

03
从女孩到女人，究竟有多难

姚晨在星空演讲时无奈地讲了这样一段：她经常会被问起，如何平衡家庭和生活，而令她困惑的是为什么没有人去问她先生这个问题。在这个困惑和感慨里，有对女性角色深深的无助和无力的愤慨。也正是因为这个女性角色的限制，让我们每个跨入中年的女性回首来时的每一段路，都会不由地感慨每一步走得何其不易。

一位知名的女演员，无论是在事业还是家庭上表面都很光鲜，我相信，她已经在她的生命轨道上尽了全力。但即便如此成功，她依然会被问到这样男权视角的问题，何况我们每一位平凡的女性呢。

我在某次的团体课程中认识了一位女性，她在课程中相当抢眼，因为很多女性在诉说老公和孩子所带给自己的烦恼时，一直未育的她似乎很有代入感。她在听别人的故事时会轻易就进入角色，还会帮着正在抱怨的女同学狠狠地骂她们的老公和孩子。

等到课程临结束的最后半天，大家才意识到这个女性其实都没怎么讲她自己的故事，便对她产生了好奇。她缓缓地说，她来参加课程是因为对自己有许多困惑，比如，无性婚姻是不是也可以是幸福的？在大家的追问下我们才得知，她在婚前就被老公灌输着一个理论：

"很多人的婚姻都是无性的，但不影响夫妻的幸福。"而她的父母也一直强调这个男人在各方面都特别优秀，女人嫁给这样的男人已经不错了。于是，一张白纸的她就嫁了。

她在新婚时与老公尝试过几次，却没有一次能够成功地完成夫妻生活。当向父母求助时，她又被父母劝回来，父母告诉她："这些都是小事，夫妻生活并不是特别重要，感情好才重要。"她慢慢接纳了这个理论，并且自己安慰自己：房子、车子、体面的老公样样都有，作为一个女人，我还贪求什么呢？于是默认了自己的命运。

在她三十八岁时，老公的父母开始为了子嗣问题发愁，他们想尽办法让自己的儿媳受孕。作为仍是处女的她一心认为没有孩子自己也是有责任的，便压抑下自己的委屈，服从了婆家的种种安排。

灵魂不会一直沉默，直到够痛的时候。当躺在冰冷的手术台上时，眼前炫目的灯光把她照得恍惚不已，她突然意识到一个问题："我为什么一切都要听从别人的安排？"在那之后，她开始慢慢醒过来，理解了自己的人生一直是在别人的操控之下，先是父母，后是老公和婆家。她从未为自己的人生做过主。那几年的醒悟，就好像是《楚门的世界》，让她一步步艰难而充满希望地爬着通往外在的阶梯。

我一直认为人类的悲欢各不相同，当我们在面对产后性冷淡、中年夫妻性生活的例行公事、更年期时的性倦怠时，有的人还为被灌输的三从四德而抗争。但我们又能说什么呢，也许身处当时当境的当事人，她的觉醒已经是当下她对自己的生命所做的最大的抗争了吧。这和我们每个女性在这条路上的困难并无区别。

女性角色的变化一直在艰难地推进

我一直相信，每个年代的人都有独属于这个年代的任务，在过去的100年里，女人们的变化给我们这个世界带来了很多的变化。中华人民共和国成立以后，女人去掉的不仅是裹脚布，更是思想上的解放，一批女性政治家、思想家、学者涌现，如宋庆龄、何香凝、邓颖超，但女性精英们仍然主要作为配偶的身份被提及。时间到了20世纪初，女性更多地走出家门，但我们母辈承担的社会角色仍然是家庭角色的延伸。老师、护士、秘书，这是作为男性视角对女性的最好的职业安排。百年时间中，女性们亦步亦趋地争取着自己的社会角色，但彻底的真正的变革还在路上。

如果我描述一个人睿智、果敢、精明能干，这个人被身边的人一致推荐，是一个有领导能力的人，那么我再追问你一句，这是男人还是女人？我想大多数人的回答会是男人吧。但我告诉你，我说的其实是一位女性。然而当我们这样表达时，可能会有新的声音出现，这是"女强人""大女人"，似乎这是独立于男女两性之外的第三性一样。

女性角色的刻板印象给女人的定义是感性的、情绪化的、温柔的、细腻的、柔顺的，其实这些都没有错，错的是将这些标签刻板化，把女人和这些角色画上等号。在父权文化下构建的女性气质被如此定义，我们女性也在不由自主地认同。就连我给学生讲非暴力沟通时，女同学会本能地反应过来："哦，老师，你在说我们女人要懂得示弱对吧？"当一个女人温柔地说话时，她能在关系中建立良好的沟通,是因为她在示弱。这样的思维,本质上没有站在以人为本的角度,而是从性别角色的刻板印象出发的。当一个男人温柔地说话时,同样会在沟通中达到良好的效果,为什么没有人会说男人在示弱呢?

当然,传统中倡导的阴柔的女性气质不是不好,它非常好,只是它与一些特定的要求、表现联系在一起的时候,就不好了。因为这种气质的定义限制了女性的生命成长。

女人温柔好不好?

两情相悦时,温柔很好;
关爱孩子时,温柔也很好;
遭遇家暴时,温柔就不好了。

当女性不再逆来顺受时,男性才能学会懂得尊重,学会沟通和交流;当女性勤奋自强,自我成就时,男性才不敢轻视你。所以,我们要省视,我现在所谓的岁月静好,是拿我作为女性独特的生命角色去交换的,还是真正建立在彼此欣赏的基础上。

女性角色的多元才是社会进步和女性成熟的标志

中国的妇女解放运动实际上一直停留在女权运动阶段,也就是在跟男性在教育、政治、法律和经济上的平权的争取阶段。但成熟的女性应该清楚地知道,这只是社会进步的起跑线。我们当今社会对于女人的评判标准,某种程度上依然是父权文化的产物,比如,你漂不漂亮,是需要符合男人的审美标准的。而文化建构的"女人四十豆腐渣"而带来的女性焦虑，本质上仍然是站在男权社会视角的解读。庆幸的是，越来越多的女性朋友已经竖立起女性角色多元化的标杆，即便你是姐姐、阿姨或者奶奶，只要你是接纳自己的并且活出了自己，你就是最独一无二的，与你的性别无关。

这是一个女性意识觉醒的时代，而你需要通过一些方法去逐步穿越性别带给自己的潜意识里的困境。

（1）阅读一些经典的书目：《妇女：最漫长的革命——当代西方女权主义理论精选》（李银河主编）；《第二性》（波伏娃）。

（2）在生活中观察与讨论：带着阅读来的收获，去观察生活中的事件，有哪些是破坏了男女平权的，有哪些是有助于男女建立更美好的关系的。当有困惑时，找到和你有相同困惑的人一起讨论。

（3）重新定义自己的价值：当你将目光从男女角色区别转移到人和人之间的差异上时，你就有力量去争取曾经不敢争取的职位，也就有底气去放弃自己拥有却不热爱的职业。你定义自己的出发点，完全是以你这个独一无二的生命去定义的。

如果你渴望自由便选择独居，如果渴望安全便选择婚姻。在这两者之间又存在着多种能带给你安全和自由的选择，但无论哪一种安全或者自由都不需要去符合社会和他人的期待，只要你是认真考虑的，不对他人构成伤害的，你就是对自己的生命负责。同样，我们也要推翻"男人就应该赚钱比我多，男人就应该为我花钱"的思维。女性的自强最重要的是精神上的自强，而上层建筑又取决于经济基础。如果你在心理上认为自己是从属的，是可以依赖于男人的，那精神上的自由也必然会失去。

我期待更多的女性朋友在未来的生活中能够保持觉醒，能够反思固有的女性角色对自己的影响，也能够跳出男权文化制造的陷阱看待自己和他人。在这样的女人身上会有一个共同的特征，那就是一直在努力做自己的主人，而不是放在旧有的社会性别角色的框架上去塑造自己，审视自己。即便年华逝去，婚姻不幸，甚至职业生涯也不光辉，仍然不妨碍你拥有一个快乐和自由的灵魂，那才是你生而为人的意义。

女性性别角色的再定义，需要我们每一个活出自己的灵魂共同努力。

04
人生唯一值得倾尽全力的只有自己

在朋友的答谢饭局上,一个初次见面的 90 后妹子,在酒过三巡后,眉头拧成了疙瘩。围在她身边的我们都是心理从业者,她便自然而然地吐露了自己的焦虑。在听了几分钟之后,我们也跟着她拧起了疙瘩。

故事很简单,她特别想跟她的男朋友结婚,但两个人其实异地三年了,对彼此的了解并不充分。

"你可以等一等啊,找机会住在一起,彼此真正有了解后再考虑结婚的事。"

"那不行,据说属猪的孩子不好。我得赶在明年就把孩子生了。"

"那你可以跳过猪年啊。"

"可那时我就 30 岁啦,生孩子不好。"

"那既然这样,就马上结婚啊,就都在你的计划里了。"

"不行啊。我感觉嫁给他还是不放心,他并没有那么爱我。"

"婚姻毕竟是大事,如果不合适早点重新选择,总比后悔几十年强。"

"可我已经谈了三年啦,我都要 30 岁啦。我妈说女人早点生孩子才好。"

这样的对话进行了几轮后,就没人再多说话了。如果一个人真的要人为地把自己逼到一个角落里,那么无论你给她开辟多少条路,她都会选择视而不见。

我开玩笑地对她说了一句:"咱们保持联系,几年后你可能会成为我的客户。"

又是孩子这样的终极命题。
在咨询中,"孩子"是个出现次数非常多的理由。

"我要脱单,因为我要生孩子。"
"我要赶紧和这个不合适的男人结婚,因为我要生孩子。"
"我不能离婚,因为这对孩子不好。"
"离婚那么多年无法再婚,就因为有个孩子。"

如果可以发挥的话,这个句式可以无限复制:

"我工作上不能晋级,因为要照顾孩子。"
"我放弃了出国深造的机会,因为孩子离不开我。"
"我婆媳问题严重,因为彼此对孩子的教育理念不同。"

总之,孩子可以背一切的锅。
你要赶在最佳生育期时生一个孩子,着急赶快找一个男人把自己嫁出去,然后在两性关系中一直处于被动的局面;或者被父母催婚,赶快生孩子，不生的话婚姻和家庭都不保。仿佛你受了几十年教育之后，就只有生孩子这一个功用。

结婚后，你自然会对出于这样的目的而结婚的婚姻感到失望，然后把所有精力放在孩子身上。孩子不仅要承担你们夫妻的情绪，还要继承你因为生孩子而未实现的"理想"，于是孩子拼命努力，长大后又急着结婚，再生一个孩子。

我们好不容易花了几十年的时间把自己培养起来，本可以为他人、为社会做出独一无二的价值和贡献，输出我们的价值观和对这个世界的创造。但我们不去创造价值，而是耗费很多时间从头去培养和陪伴另外一个小孩，对另外一个生命负责任，指望他将来为社会做贡献。而他为社会做的贡献可能就只是和你一样——创造另一个生命。

你的妈妈也是这样过来的。

当一个人在这个社会上实在没有办法贡献自己的价值时，她唯一能做的就只是提供一个在这个世界活过的证明。

贡献自己的价值，才是需要我们倾尽全力的事。

人生是非常短暂的，只有三万多天，如何在这三万多天里过好你的一生，是一个需要追问、思考、权衡和选择的个体化过程。

如果你的人生进展顺利，你会有如下规律：

在做学生的年纪，你倾尽全力的是培养坚韧不拔的毅力和创造性的思考；

在20岁的年纪，你倾尽全力的是对职业全力以赴和对恋情的忘我投入；

在30岁的年纪，你倾尽全力的是对自己不断地反思和确立自我后的规划；

在 40 岁的年纪，你倾尽全力的是体会生活的酸甜苦辣后得到的通透开明。

以上只是我的一种想法，你完全可以打乱以上节奏，这根本没有关系。

真正有关系的是，你在每一个年纪都全力以赴地活在当下，不管是苦是甜，你都是为了自己而活；你的每一个选择，背后没有他人的意愿和世俗的规条。

你的当下，才是你区别于芸芸众生独一无二之处。你在每一个当下的创造成果，积少成多，才是你对这个世界的贡献。在你的生命消逝不见后，它是比一个孩子更能体现你曾经来过这个世界的证明。

在饭局结束前，我对那个姑娘说："我们能在这里一起吃饭，一定不是因为你有一个什么样的孩子，也不是因为你未来要嫁什么样的老公，更不是因为你那个在老家的妈，而是因为你本身。这个世界并不缺你生的孩子，这个世界缺一个你。"

05
新的一年，男女平等依然是想象中的事

每年的三八妇女节你得到了什么？是单位发的卫生巾，还是当下流行的无菌洗手液呢……当我们又再一次程序化地迎来这个属于我们的节日时，每年我都会陷入相同的思考：这个三八妇女节是谁设立的？究竟为了什么而设立，它为我们女性到底带来了什么？

小武，是两个孩子的妈妈。2020年的春节她和老公孩子一起回到了婆家，湖北黄冈。接下来的剧情大家也都猜到了，全国人民都在"原地趴着"，一动不动，疫区自然不用说了。小武是个传统的山东姑娘，加上公婆家里一共6个人，一日三餐都得她亲自动手，得空还要去照顾孩子们的吃喝和洗漱。说实话，这样的日子短时间还行。结果是，不到十天，小武就已经有点受不了了。

小武的老公在干吗呢？往年这时都会约上三五个知己去打麻将，今年只好天天拿着游戏机打麻将。小武忙不过来的时候，他也会帮着带带孩子，但带孩子的方式无非就是塞个iPad给孩子，他在旁边继续打他的麻将。在自己家的时候，小武还会对着她的老公吼两句，以往也算奏效。但是在婆家时，贤惠的小武根本吼不出来。

有一天，她语气生硬地当着公婆的面叫老公来洗碗。结果从沙发上立马站起来的人不是老公而是她的婆婆。其实，婆婆刚动完手术三个月，小武不想累着婆婆，所以一直劝婆婆多休息。婆婆也非常体谅小武，尽她所能帮着小武做一些力所能及的事。在小武这次生气以后，婆婆就承担了更多的家务事。小武那原本想要发泄出来的怒气被硬生生地吞了回去。

"分担家务这件事情，不能指望男人了，但至少他也别给我添乱。"这是小武自己安慰自己的话。但有一天，小武突然间发现老公说话阴阳怪气的，对自己烧的菜横竖挑剔，在自己解释几句后还扔下筷子就回了卧室。两个孩子和公婆的第一反应就是停下来望着小武，他们好像在等着一个犯了错的人去挽回局面。小武在一大家子的注目下，像个犯错的孩子一样站起来，进入卧室，柔声细语地询问情况，才知道老公是因为一位一直对她有好感的男同事发来的疫情问候而生气。小武咬了咬后槽牙，挤了个笑容出来，就像往常一样哄好了老公。

晚饭后，新闻里歌颂着上前线支援的女护士们，她们把头发剃光，满脸的灿烂笑颜。小武的眼泪唰地一下就流了下来。细心的小儿子一句也不说，抬起自己的小手擦去了妈妈脸上的泪痕，虽然他不明白妈妈为什么会流泪。小武把镜片擦干，抬眼看了一下客厅。沙发上的公公和老公，两个男人一人抱着一个手机，根本不知道刚才发生过什么。

小武只是几亿中国女性中的一位。

做女人，从来没像今天这么难。我不独立，社会说我不是时代新女性；我上班赚钱两头忙，老公婆家说孩子最需要的是母爱；我事业有为成了家庭经济顶梁柱，热心人又再提醒：男人没有成就感，婚姻容易亮红灯。

从我一出生就听到一个词，男女平等。然而，真的平等过吗？有人要说，在受教育和职场上，男女很平等啊。可是，对于适龄未育的女性，在被HR面试后因为"生育"潜规则淘汰掉的少吗？当你凭借能力得到晋升职位后，有多少人在背后议论，你是靠着其他"本事"上位的？

当我们一直在强调男女平等时，就意味着还有不平等的存在。男女平等，依然是一个正在推进中的事。

今天，我们现代女性有机会受到良好的教育，凭借自己的努力在职场独当一面，贡献自己的价值。然而，只要这位女性她结了婚有了孩子，在家庭角色分工上，她仍然是默认要被牺牲的那一个，她需要更多地放弃职场，回家带孩子。

当然也有很大一部分女性在职场中死扛，知道如果生了孩子，职场可能就止步，接下来可能就要上演老公出轨，而自己没有经济能力无法走出婚姻的戏码。又或者在大城市打拼，一个家庭必须有两份收入，才可以支撑房贷、车贷和"神兽们"的学费，所以，如何平衡事业和家庭，就变成这些女性的议题。究竟谁能帮助这些想要活成独立女性她们解决这些问题呢？

当电影《82年的金智英》中的女主角说她要出去工作时，她的妈妈就来她家说要帮她带孩子。那一刻我和金智英一样，眼里充满了泪水。

没错，来帮助我们女人解决问题的仍然是女人，这个女人就是我们这些女人们的妈妈或者婆婆。一个小家庭的负重前行，往往是靠牺牲老一代女性的退休生活来支撑的。一位女性只要有了孩子，似乎她就终身被这个孩子绑架了，她需要为这个孩子付出自己的青春，放弃自己的前程，甚至还要埋葬自己的晚年。

如果我们现代女性的独立自主要靠上一代老年女性的幸福来换，那么我们所谓的男女平等有什么值得骄傲和自豪的？

男人在家庭角色分工上的缺席，的确让男女平等这件事情仍然举步维艰。但女性对自我身份的不认同也阻碍了男女平等的真正实现。有一部纪录片叫《中国剩女》，由两位以色列导演在 2015~2017 年，通过跟踪三位年龄从 28~40 岁的中国女性的相亲经历摄制完成。在这个纪录片中，催着自己家的女儿嫁出去的是自己的母亲，即便这些母亲自己的生活也不幸福。

没结婚的时候催结婚，结婚了以后催生孩子，生了头胎催生二胎，而催婚催生的主要角色往往是这个家里面的母亲。

一个女人要不要结婚，能不能结婚，结婚以后幸不幸福，不仅取决于她自身的成长，更取决于她做出选择后所面临的困难和结果。在这个共同的时代里，我们的母亲已经尽力把我们送到了她们能送的地方，在推进男女真正平等的接力棒交到我们手上后，正如你我身边优秀的女性同胞们一样，尽管局面很难，我们仍然心怀希望，逆流而上。

06
用力爱，才能抵御这个悲凉的世界

2019年年末的时候，关于2020年庚子年的传说越来越多。我浸泡在历史上庚子年已经发生的大事上，揣测着明年可能发生什么。

林的电话打断了我的研究。她比我小5岁，早就到了嫁人成家的年龄，婚事却一直悬着。早年她也拼命相亲，无限恨嫁。过了35岁之后，她似乎越来越无所谓，但在这份无所谓里又缺少一些洒脱。林以往跟我倾诉最多的是她的父母，她小时候物质匮乏，父母倾尽全力给了她最好的生活。但这并不能让林内心温暖，因为比物质匮乏更可怕的是精神上的匮乏。在林的记忆里，父母从来没有抱过她，更别提表扬和肯定她了。即便三个人围着温暖的烛光吃晚饭，林的心里仍然是一片冰凉。

"我和父母之间没有恨，我知道他们给了我所有最好的。但是你知道吗？世界上有一种父母，就真的是没有感情。"她曾经对我说过的这段话被我深深地记住了。她一个人在外多年，除非她主动打电话问候，她从未收到父母主动打过来一个电话问候。

林这次电话一开始便与以往不同，她的语气里有些紧张，但又有着一些抑制不住的兴奋。她在一次朋友聚会上新认识了一个男孩。她刚一开头，我立即就兴奋了，千年铁树终于要开花了，我兴致勃勃地催促她继续往下讲。

可没超过五分钟我就在电话这头皱起了眉头。林受过良好的教育，在500强企业中拿着高薪。而她新认识的这个男人，高中毕业出来就开始混社会了，早年也跟过各路大哥走南闯北。但就是这样背景迥异的两个人擦出了电光火石。在林这样的年龄，再玩这样"不靠谱"的激情之爱，简直就是浪费时间。

林听出了我在电话这头的欲言又止。她说："你知道吗？我比谁都知道我们没有结果。但他是我这么多年来唯一让我感觉到活了过来的人。"听完这句话后，我没有再多说。林不是那种情商低的乖乖女，她对人对事的参透很多时候都让我惊讶。

我只问了她一句："如果你和他没有这一段，若干年后你会后悔吗？"

"我明天就会后悔。"林斩钉截铁地回答。

"你知道吗？我只关心你是不是快乐，如果当下你快乐，就享受它。如果你能承担有一天的失去，那就好好爱吧。"

爱是穿越永夜的微光

拜伦说，如果生命注定是永夜，所幸我们还有爱情这一道微光。

爱，这个字，天天被人提起。当我的来访者在咨询室里说到爱时，我有时就会问他：你理解的爱是什么？十有八九，当事人很难回答上来。

当然，心理学的研究者们早就指出了爱情的定义。著名的斯腾伯格爱情三角理论告诉我们，爱情是由激情、亲密和承诺构成的。如果只有激情和亲密，那这段感情可能会没有结局，因为两人心心相印但又看不见或者根本不想有未来；如果只有激情和承诺，那这段感情更是不靠谱，毕竟两个人的关系需要建立在彼此灵魂的交流上才能长久；如果只有亲密和承诺没有性，或者只是没有电光火石的激情，那么这样的感情迟早只剩下彼此的义务。

如果对照以上标准，林的爱情似乎就只是在激情和亲密的维度，似乎这是一段看不到结果或者说世俗结果的爱。但我想说的是，不完美的爱，真的就不是爱了吗？缺少一个承诺，就不是爱了吗？

与其死板地套用爱情的定义去衡量每一份感情，还不如去想想为什么我们需要这份爱。我们最初的爱来自哪里？是我们的母亲，对吗？在我们一次次的呼唤下，妈妈一次次地满足了我们，让我们感觉自己是被爱的。我们在妈妈每一次的注视里读到了欣赏和肯定，我们知道"我值得被爱"。用心理学的话术来说，这就叫镜映。也就是我在你的每一个眼神里看到了我自己存在的意义和价值，从而我感觉到被爱，而我也给予了你相同的反馈，让你有相同的被爱的感觉。于是，我们两个人彼此都感觉良好，都被爱了，我们也在每一次主动爱的过程中继续感觉到自己被需要，从而巩固了这份爱。

我们为什么会对爱如此痴迷？大家都知道，很多青少年早恋是因为在家庭里体会不到爱。一个人就如同一盆植物，如同一朵花，我们只有获得足够多的情感支持和滋养，内心才不会觉得太过孤单。没有人会在完全没有爱的滋养的环境下长大，如果那样，这个生命早就结束了。我们的成长不仅需要食物，更需要爱，哪怕只是一点点的光，它也可以在万里云层中照射下来，温暖那可能已经快要冻死的身体，这样的微光，你能说不是爱吗？

世界很冷，我愿你心里有爱

我曾经有一位重度抑郁的朋友，让我难过的是，她的抑郁是在她自杀后我才知道的。除了震惊和自责，对于她的事情我也颇为感慨。在之前我们有一搭没一搭的聊天中，我知道她深陷一段婚外情中，那时我们都是围绕婚外情而展开讨论的。她死后，我不断地回想她说的话："你知道吗？他就像一道光照进了我的生命。"

在她的葬礼上，我了解到其实她已经患病很多年了，能支撑和温暖她的可能就是这段婚外的感情。

我们总是习惯去找问题、改缺点，我们总希望告诉对方什么是对的，什么又不太妥当。但很多时候，我们都没有注意到，站在她的角度，她的那些所谓的错，却可能就是她唯一能抓住的稻草，如果连这根稻草都没有，那她的生命也会渐渐枯萎。

深情是一种天赋，同时人们也需要。

人的一生弹指几十年，我们并不足够幸运到可以真的遇到各方面完全满足我们并同时欣赏我们的人。如果我们只是等，会不会错过更多？更何况一个枯萎的我，如何遇见那个富有生命力的你？而如果此刻的你孤独一人面对寒冷，那是不是点滴的温暖都能让你熬过冬夜？

一年又一年，时间过得非常快。你在过去的一年有没有被人用力爱过？更重要的是，如果爱是你目前生命唯一的光，那么我希望它可以照亮你、温暖你，即便它只是暂时的，它在这段生命旅程中所存在的意义也是弥足珍贵的。

世界很冷，我希望你能被光包围。

07
带着慈悲的智慧，才能真正帮助家人

我们在生活中经常会遇到这样的情况：我很想向我的朋友诉说一些我内心的痛苦，对方出于对我的关爱，很怕看到我的这份痛苦，于是不断地鼓励我：要坚强、要勇敢。虽然你觉得朋友说的都对，但你内在总会觉得哪里不太对劲儿。你只想草草地结束这场对话，继续回到自己的世界里，继续苦闷，然后感觉全世界没有一个人会理解自己。

当我们的心灵成长到一定阶段时，我们知道这个问题出在朋友没有及时地和我"共情"。因为人在脆弱的时候，第一时间想要得到的是别人对我这份脆弱的看见、理解和接纳，而在被理解和接纳之后，我们才能有力量恢复勇气，面对自己的人生，去寻找解决问题的方案。而我们往往最先得到的却是鼓励和支持，鼓励诚然没错，但却不是一个人在脆弱时的第一需要。

我们知道，共情是一个心理学名词，随着学习心理学的人越来越多，这个词的普及度也越来越高。准确地说：共情就是设身处地地去理解、去体验，去感同身受地体验另一个人的情感。我们以前提到心理学，经常会有误解，就好像学心理学的人能够一下子猜透别人的心思。但随着心理咨询和心理治疗越来越普及，人们也慢慢理解，其实没有人能够神乎其神地去猜透别人的心思。但是对于一个优秀的心理咨询师，他完全可以进入你的情感世界，在那一刻，他也就变成了你，你有什么样的想法他自然就可以正常推导出来。一个共情水平高的人，是能够出神入化地去理解对方的，自然也可以出神入化地知道对方会怎么想。

共情虽然说是一种很难的能力，但我在生活中确实遇到过很多共情能力特别高的人，他们不是心理学的从业者，他们的共情能力仿佛是一种天赋。

我有一位女性朋友，50岁左右，是大型央企的中层领导。和她相处你会非常舒服，因为她总能细致入微地照顾到你的一些小情绪。她应该就是传说中的那种高情商的人。她在去年也经历了一次婚姻危机，比他小七岁的先生提出了离婚，而离婚的原因也非常司空见惯。一个经历中年危机的男人，在事业迷茫期找了一个比他小十岁的女孩，刷了一下存在感，然后就觉得那是自己的真爱。在我的朋友经历这场婚姻危机后，他的先生告诉我，他和太太为了这件事情挣扎了很久，他也知道这件事情给他的太太带来了很多伤害和痛苦。

但他太太对他说："虽然过程很痛苦，但是我知道，我也能够理解你做出这样一个决定和选择。我知道我在你以往的生活中，在一定程度上扮演了母亲的角色。而男孩终于长大了，成了一个男人，他就需要自己独自上路。站在你的角度来说，你也是在为自己的生命而努力。"这个男人说听完自己太太说的这段话后哭了很久，然后辞了职，一个人去西藏待了整整一个月。回来以后，他跟外面的那个女孩子断绝了关系，重新开始了一份新的工作。他和太太的情感也渐渐恢复。

其实，我并不想去评价他们的婚姻关系，我只是想截取一个片段来说明：当自己的情感能够被别人体验到，并且能够真正地理解自己为什么会有这样的感受，为什么会做出这样的选择，这种被看见是多么难能可贵的一份滋养，而这样的滋养真的可以改变一个人。

我的这位女性朋友在经历这件事情的时候不痛苦吗？她当然很痛苦，但是一个人共情的最高境界就是需要完全放弃自我，然后进入对方的运作模式中，去看一下对方是如何感知和体验周围世界的，对方是处在一个什么样的情绪状态，他认同的是一种什么样的感受。这个时候进入对方的那个人是没有自我的。做到这点其实非常难，不管在日常生活中，还是在心理咨询中，我们有的时候会身不由己地关注我是什么身份，我是什么角色，我在什么地方，我现在正在做什么，我希望达到什么样的目标。但如果是这样的话，我们就很难放弃自我的身份角色，很难与对方共情，因为这个时候，我们的理智基本上在起很大的作用。如果这个世界上的事都能用理智解决，那么人类就没有这么多的痛苦了。

共情的前提条件

一个有能力进入对方的世界去体验他人情感的人，有一个重要的前提就是他可以感受到自己的感受。也就是说，这个人需要对自己的感受有识别力。一个能够找到自己感受的人也能够找到对方的感受。如果我们从小就被照料得很好，情感的需求回应也比较充分，那么我们基本的安全感、基本的信任感就会比较好，所以在成年后，我们也是有能力将这份共情给出去的。

我们设想有两位妈妈：

一位妈妈在孩子受了委屈以后，对她说："你不许哭！"或者是无视孩子的委屈。

另外一位妈妈在孩子受到委屈以后，第一时间抱住孩子，然后对他说："刚才那件事你很委屈对吗？"

这两个孩子长大后，显然后者的共情能力要远胜于前者。

在我们的文化中经常会强调慈母的概念。而这个"慈"，按照我的理解，很多时候就在于妈妈是否能够与自己的孩子共情。

很多人在学习与别人共情的时候会遇到一个问题，就是我知道对方的想法是不对的，我就很想去告诉对方"你不要这样想"，因为我们是出于善意，我们想帮助对方。也有人在与他人共情的时候，完全忘掉了自我。例如，一个来寻求你帮助的朋友非常痛苦，但是你听完他的故事以后比他还要痛苦。作为朋友，你与他的共情是到位了，但是帮助呢？

所以，一个具有优秀共情能力的人，是要学会把体验性自我和功能性自我合而为一的。这怎么理解呢？就是我们每个人要有第三只眼，在倾听别人故事时，能够感同身受地投入，但同时又能够跳出来观察，能在充分理解对方后又有能将对方从痛苦中带出来的能力。

生活中共情的具体操作步骤

听上去共情是一个很高的要求，的确，一位心理咨询师在这方面也要经过许多年的训练，但这并不代表作为从小没有被父母共情过的非心理从业者就做不到这一点。我将共情拆解为四个步骤，将体验性自我和功能性自我融入其中。如果你学会了这个方法，那么你的朋友和你的家人就会感觉和你相处更加舒服。

第一步，接纳。当你的身边人向你倾吐他们的脆弱时，你要带着一种好奇的心态，倾听对方的诉说。我们知道，全身心地倾听就是一种接纳，而这份接纳本身对于对方就是一种很好的滋养和爱。如果一个人无法理解别人，无法接纳别人，那么往往是他自己的人生经验还不够。

第二步，通过提问了解具体发生的事。当你的身边人向你倾吐这些内容时，你通过不断地发问让对方感觉到，你是真正倾听他的，你是真正对他说的事情感兴趣的，你是真正进入了他的世界和他在一起的。这个时候，其实具体发生了什么事都不如你带着好奇去了解他的这个行为更重要。

第三步，确认对方的感受。这就需要你有感受自己和他人的能力。设身处地地进入对方的世界，体会对方在经历这种事情时，他当下那一刻的感受。他是觉得很沮丧、很委屈，还是觉得很愤怒，如果你能把对方的感受翻译出来，反馈出来，那么对方在这一刻会真正感觉到被你看见。"这种事发生在谁身上都不好过。""如果我是你，我肯定也会觉得四面楚歌，有满满的无力感。"当你试着把这份对感受的看见，反馈给对方时，你已经减轻了对方 80% 的痛苦。

第四步，启发。这一步并不是所有的共情过程都需要用，因为有的人可能还需要在他脆弱的感情中待一会儿，如果他的情感没有充分地被看见、被理解、被接纳，这一步就提前做了，那么只会让对方感觉不被接纳甚至被否定。所以，如果向你倾诉的对象是有反思能力的，而且他的痛苦已经充分地被释放了，那么这时你可以尝试引导他去看见这个事情的积极面。

"你觉得怎样做，才更有利于这个问题的解决？"
"会不会有一种可能，我们换一种方式做可以达到你的目的？"

当你用这种启发性的语言跟对方交流时，对方不但感受到情感上被疏解，而且会觉得跟你聊完天以后，在这份痛苦中学会了成长。

我们从小被灌输要坚强的信念，也因为如此，我们一个个才能不断地迎接挑战，超越极限。可那些不被看见的心灵坑洞，因为没有被爱过、被滋养过，总有一天会让我们疲惫不堪，这就像无本之木，没有力气再向上生长。如果你的爱人需要这份被看见的慈悲，那么我们可不可以去做那个滋养他的人。智慧能解决人生中的大多数问题，但慈悲解决的是人最核心的痛苦。

08
爱在灵魂暗夜处闪光——来自心理咨询师经历的抗疫故事

"老师,我现在完全是懵的,我什么也干不了。"她满头是汗,半染的黄色短发乱蓬蓬地贴在脸颊。她背着光,从摄像头看过去,背景有个灶台。

"你可以告诉我,现在身体有什么感觉吗?我看到你出了好多汗,感觉很热吗?"虽然不知道她此时发生了什么,但看她恍惚的状态,我第一时间要做的,是将她的思绪拉回到现实,聚焦到她的身体是帮助她实现这一目的的最好方法。

"对呀,我现在一阵阵地出汗,脑子是乱的,我不知道应该怎么办?我感觉特别没劲,坐不起来,我也不知道该干什么。"

很好,看来奏效了。

"那你可以跟我说说看吗?你现在面前有些什么?"让当事人去描述她所在的环境,描述得越具体,对她的帮助就越大。

"我面前有一堆菜。我刚从菜场回来,但我现在脑子是懵的,老师你知道吗?我现在不知道我该做什么。现在我满脑子都是我妈到底什么时候能排上床位?"她的两眼已经看向摄像头了。

很好,她已经被拉回现实了。

这是这位女士约的第 2 次咨询，自从和她同住的 65 岁的妈妈被归入疑似病例，她全家开始被隔离，在被隔离的第 3 天，她就开始寻求心理支援服务了。

"好的，你现在在厨房，你面前有一堆菜，那你能告诉我现在在你面前的都是什么菜呢？"我继续引导她。

"我一早买的，有豆角、土豆、西红柿、萝卜、鸡蛋，还有点猪肉。"随着视线的推移，她一个个把菜名报给我听。

"哦，买了这么多啊，那你想烧什么菜呢？"

"我不知道，我买了这么多我就懵了。我原来想得好好的，我要准备烧一桌子菜。可这几天每天我都要烧一桌子菜，我压力太大了，然后还惦记着医院里的事儿，如我妈到底怎么样了？"她慢慢地又开始出现了情绪。

"嗯，是的，现在这个时候你很担心，你对这个家来说特别重要，你要做这么多事情。你看咱们这样好吗？咱们先不想要烧一桌子菜的事儿，咱们也给自己减个负，少烧点菜。你看着眼前的这些菜，你觉得你能烧什么呢？"我再次努力地把她拉回现实。

"不行啊，我不知道，我什么都想烧，但是我好像又不知道该怎么烧了。"她思绪回来了，但又进入了沮丧。

"那我给你一个建议吧，你觉得西红柿炒蛋怎么样？"我记得她说买了西红柿和鸡蛋的。

"哦，好像行，这个简单，我能做。"

在接下来的二十分钟，我不断地努力将她拉回现实，聚焦在具体的小事上，确切地说，是她能力范畴之内的小事。

这期间，她慢慢地从地上坐起来。随着阳光的照射，我看清了她的脸，原来的汗水可能还混着一些泪水。最后挂视频的时候，她笑着对我说："谢谢老师，我好像又有劲了。"

这是我在某心理平台组织的武汉抗疫心理志愿服务中接的第 2 个咨询。2020 年正月，正是一片混沌的时候。人们充满了对未知病毒的恐惧，包括对如何防范的茫然，以及一些人对自己和亲人的担忧。而在这种情况下，如果某个家庭被近距离地卷入这样的事件，如这位女士的应激反应，就急需危机干预。

危机事件发生的当下，每个人可能都会有害怕，有恐惧、有焦虑，这些情绪都是非常正常的，换句话说没有情绪才不正常。因为负责我们恐惧的杏仁核，深藏在我们的脑干中，它保护着我们并使我们对应激事件做出反应，就比如你在郊外看到了一只老虎，你的第一反应肯定是逃跑。如果一个人面对老虎时是临危不惧的，那肯定不是一般人。

所以，在面对这样一种前所未知的病毒的情况下，每个人由此产生的情绪波动都是本能。如果一个人，他的内在人格基础是比较稳定的，那么他在恐惧之后是可以保持理性的。而如果这部分比较脆弱，那这个人可能会表现出过度的焦虑紧张，甚至出现就像我文章开头这位女士呈现的状况，情绪已经将她的思维淹没，从而使她无法在现实的状态里用到理智。这个时候帮助这样的人的最好方法，就是将她的情绪和理智拉开距离，让她的思维能够回到当下，让她去做一些可控的具体的小事儿。

其实从事这样的危机干预，对于我们每个心理咨询师来说都是极大的考验，因为我们内在也有很多恐惧，而我们在支持对方的过程中，也会不自觉地受到对方的影响。所以，这次的心理志愿服务是采取轮班制的。我在坚持了5天后，也花了将近一周的时间，让自己从那样的恐惧中慢慢地走出来，继续享受和父母在一起的时光。

距离上一次回家还是两年之前，2020年这次我没有订回程的机票，而这也是十几年里第1次没订票。随着疫情的发展，这个西北小城的管控也变得越来越严，我陆续接到了街道和居委会的电话，通知我要报体温，并且嘱咐我在14天以内不要出门。

在我做完前线的心理援助后，疫情愈演愈烈。每天被新闻消息塞满，我的心情在无助和感动之间摆动。

某一天中午，父亲突然说他发烧了，体温是37.5℃，家里的空气瞬间凝固了。

母亲条件反射性地在第一时间戴上口罩、戴上手套，把父亲关在房间里，开始在客厅和所有的房间拿着84消毒液进行全面消毒。

我找到上海的医生，电话沟通父亲的病情和中招的可能性。

西北火辣的阳光洒在客厅的沙发上，炽热火烫，我的身体却笼罩着上周在做志愿者时从来访者口中所传达的那种恐惧。

我隔着房门和父亲对话："没去过湖北，没出过家门，肯定不会得病。"

父亲淡定地说："早上开窗换气时的那股妖风，我就觉得不对劲儿。"

我们俩又像是在客观分析，又像是在彼此安慰。

父亲服完退烧药后，第二天早上渐渐降温。但母亲依然不依不饶，不许我父亲出房门。我能理解母亲的紧张，在这个过程中，我不断地跟她解释，这个病的成因以及必须具备的条件，在她紧张时帮助她练习深呼吸，但这一切似乎都无法让她紧张的心弦平静下来。

终于在一个午后，母亲突然从餐厅出来，跟我隔着两米远的距离，问道："你说你是不是那个无症状感染者，你表面没事，却把你爸给感染了？"听后，血一下子涌上了我的脑袋，但我做了个深呼吸后，跟她解释，我回家已经20多天了，如果真是无症状感染者，那么14天以内没有症状，我现在也早该发病了。

从母亲的眼神里，我知道现在的解释没有用。她似乎掉入了猜疑的陷阱，继续喃喃地嘀咕：那可能你就是不发病。

本就处在担心害怕或者隐隐的自我怀疑之下，我猛地站了起来，说了句"那我走吧"，就冲进自己的房内，开始收拾行李。

母亲被我突如其来的举动吓住了，马上来拖住我的行李。于是我们两个人开始了激烈的争吵。

但我们争吵的内容其实和这个新冠病毒没什么关系。

母亲在诉说她的焦虑、她的担心和她对家庭付出而得不到理解的部分；而我在抗议这么多年，母亲只知道沉寂在自己的焦虑和担心里，没有看到我和父亲用我们的方式在承担着她的情绪。两个人吵得电光火石，涕泪横流。

20分钟后，争吵渐渐平息下来。母亲似乎冷静了很多，对我说出了让我倍感意外的三个字："对不起。"

其实我们都知道，我们不是在为了新冠病毒吵。生活中的很多事都是这样，一个导火索只是用来释放原本紧张的压力。

在母亲质疑我是否染病的那一刻，我被挑起的其实是过往几十年积压的不被信任的委屈；而在母亲对我说出"对不起"的那一刻，我心里的那些埋怨也瞬间消散了。

我跟母亲安静地坐着，我慢慢跟她说着，表达着我对她的付出的看见，对她的表达方式的痛苦，对她坎坷人生的心疼。在那短短的半小时中，有一股奇怪的力量在我们彼此之间涌动，就像是将以往我们母女之间的羁绊做了一场清理。

我终于体会到了那句话：我们终其一生都在等父母的一句道歉，而父母也在等我们的一句感恩。虽然这场和解来得如此意外，但是很庆幸，我们都勇敢地走了这一步，而先往前一步的，是我的母亲。

第二天，我病了。

我开始出现由于水土不服（不适应北方暖气）带来的上火症状，口干舌燥鼻子干，进而发展成喉咙痛；又由于没摸透北风的威力，一次在窗前吹风后，我开始发烧。母亲好像变了个人，没有了之前的紧张焦虑，在我都开始怀疑自己时，她却不断地给我吃定心丸：你都憋家里快一个月了，肯定不是"新冠"，你就是嘚瑟着凉了。

我现在都不知道是不是潜意识的需求才让我生那场病。总之在接下来的三四天时间里，我像退回到小时候的自己，充分享受着母亲在我身上实现的各种民间疗法，拔火罐、艾灸、草药泡脚。我终于在出了几身汗后，慢慢痊愈了。

以往这样被母亲无微不至地照顾，估计还是在将近25年前。

新闻里不断传来关于抗疫的好消息。在我准备确定回程的前一天,我被一位已经做过十次咨询的女性来访者预约。

在我做心理咨询师的经历中,经常会发生同频共振的事件。就如这位女性来访者,之前她已经非常清晰地跟我表达过,她无法原谅曾经出轨的老公,她准备如何一个人去面对自己的生活,以及那些具体的事件的安排。但是这次突如其来的疫情改变了这一切。

她跟我说,有一天她按照我教给她方法,跟孩子以玩游戏的方式去学习如何去面对病毒。在这个过程中,三岁的女儿突然问爸爸:"如果你被病毒打中了,如果你死了,我和妈妈怎么办?"她老公被突如其来的这些问话问懵了。

第2天她收到她老公写的一份长长的清单,那个清单里面写着一些银行卡的账号和密码以及他的手机、电脑的账号和密码,还有一些重要的事件和对彼此父母照顾的交代。看完最后一行,她的泪水已经淹没了整张纸。

在疫情最紧张的那些日子里,她老公总是每天全副武装好出门买菜,虽然一开始非常笨拙,韭菜和葱都分不清楚,但他每次都尽心尽力去照办。回到家也不敢立即进门,在门口自己进行全方位的360度消毒,待够15分钟后再进门。

有一天夜晚,这位女士轻轻叹了口气。老公转过身,把她拥入怀中。接下来,在憋在家里的一个多月时间里,两个人进行了无数次的彻夜长谈。

"周老师,我准备重新开始,给自己和我的未来一个机会。"她在电话里告诉我。

2020年的春节，对于我们每个人来说都是毕生难忘的。在疫情之下，除了前线的医护人员在拼命外，其实我们每个人都用自己的力量去承担着这份恐慌，用自己的身体力行去承担掉落在我们身上的微尘。

太多人的人生，被这场疫情改变；很多人看世界的角度，也被这场疫情所影响；也有很多人，就如我故事中的主人公们，被这场疫情逼得绝处逢生。因为躲无可躲，藏无可藏，从而让我们去面对我们原本不敢去面对的问题，在近乎绝望中扪问自己，去袒露内心最深处的脆弱。

而在这个过程中，我们惊喜地发现，爱就在灵魂的最暗处闪光。

其实不管是疫情后急于离婚的，还是一场疫情让感情迅速升温的，从本质上来说，疫情只是一个放大镜或者催化剂。它会帮我们去除浮尘，发现本质。如果本就问题累累，它帮助我们迅速清理，重新整装待发；如果彼此本就深刻联结，只是被误会和积怨蒙蔽，它也会帮我们擦亮眼睛，去看清彼此爱的本质。

我当然不会感谢疫情，但我会感恩这段经历。也许爱从来没有离开过，只是在等一个机会，让我们去看见它。